THÉORIE

DE

L'INFINI

PAR

Guillaume Tiberghien

DOCTEUR EN PHILOSOPHIE ET LETTRES

Ex ipso et per ipsum et in
ipso sunt omnia.
St Paul, *Ep. aux Rom.* XI, 36.

Ex ipsa summa essentia est per
ipsum et in ipsa sunt omnia.
S. Anselme, *Monologium*, ch. XIV.

Abyssus abyssum invocat in voce cataractarum tuarum.

BRUXELLES

WOUTERS FRÈRES, IMPRIMEURS-LIBRAIRES

8 rue d'Assaut

—

1846

THÉORIE DE L'INFINI

UNIVERSITÉ DE BRUXELLES. — FACULTÉ DE PHILOSOPHIE ET LETTRES

DISSERTATION

SUR LA

THÉORIE DE L'INFINI

SOUTENUE PUBLIQUEMENT

à la faculté de philosophie et lettres de l'université de Bruxelles, pour obtenir le grade de docteur agrégé

PAR

Guillaume Tiberghien

DOCTEUR EN PHILOSOPHIE ET LETTRES

*Ex ipso, et per ipsum et in
ipso sunt omnia.*
St-Paul, *Ep. aux Rom.* XI, 36.

*Ex ipsa summa essentia, et per.
ipsam et in ipsa sunt omnia.*
St-Anselme, *Monologium,* ch. XIV.

Alles ist in, unter und durch Gott (Krause).

BRUXELLES

WOUTERS FRÈRES, IMPRIMEURS-LIBRAIRES

8, rue d'Assaut

1846

INTRODUCTION

La question de l'infini a été traitée bien des fois dans l'histoire de la philosophie; mais elle n'a jamais été développée d'une manière spéciale et complète, sous toutes ses faces et dans tous ses rapports. Bien plus, elle n'a jamais été ramenée à ses vrais principes, si ce n'est dans quelques aperçus isolés, ni déduite de ces principes avec la méthode et la rigueur qu'on exige aujourd'hui de toute œuvre philosophique. Les auteurs modernes, en France, qui l'ont traitée avec le plus d'étendue, M. Bordas-Demoulin et M. Bouillier, laissent encore beaucoup à désirer, sous le double point de vue de la logique et de la profondeur des idées.

Chose remarquable, tandis que l'Allemagne marche incontestablement à la tête du mouvement philosophique, elle s'est peu préoccupée de la théorie de l'infini, en comparaison de la France, qui a porté vers elle toute son attention. Les vues les plus nettes et les plus larges qui aient été exposées sur l'infini, appartiennent à Malebranche, à Pascal, à Fénelon. L'Allemagne s'est lancée, à la suite de Fichte, de Schelling et de Hegel, dans la spéculation de l'absolu, que la France a négligée à son tour. Ces deux grandes nations se sont ainsi partagé le travail philosophique dans ses deux directions les plus importantes.

Pourquoi cette prédilection de l'une, pour l'infini; de l'autre, pour l'absolu? Ne serait-ce pas que l'idée de l'infini est d'une conception plus facile, d'une application plus immédiate dans les sciences que l'idée de l'absolu, et qu'elle convient mieux sous ce rapport au génie pratique de la France? Personne n'a jamais songé, par exemple, à réduire l'absolu en règles de calcul, tandis que l'infini a pénétré de bonne heure dans les mathématiques. Dans l'absolu prédomine le point de vue de la liberté: dans l'infini, celui de la nécessité. Voilà pourquoi l'on peut développer la théorie de l'infini avec une précision géométrique. C'est ce caractère de nécessité et d'enchaînement qui a dû séduire les esprits philosophiques de la France. Il semble, au contraire, que l'absolu convienne mieux à l'Allemagne, qui est aussi plus absolue dans son origine, dans sa langue, dans son culte, dans le jeu de ses institutions. L'Allemagne ne relève que d'elle-même; elle sort tout entière du vieux monde germanique, berceau de la civilisation moderne.

Je ne connais que deux exceptions à cette tendance philosophique de l'Allemagne vers l'absolu, comme constituant son rôle exclusif et original dans la recherche de la vérité; et ces exceptions sont des essais de conciliation entre l'absolu et l'infini, comme fondement du système harmonique de la science. La première concerne Leibnitz, que la France revendique comme ayant suivi la méthode de Descartes, et dont elle adopte de plus en plus les doctrines. Leibnitz, en effet, est le créateur de la philosophie mathématique de l'infini. Cependant, il n'a pas abandonné le point de vue de l'absolu : c'est en combinant ces deux directions distinctes dans un principe supérieur, dans la monade, qu'il a cherché à concilier les systèmes les plus divers, les Pères de l'Église et Spinoza, la foi et la raison. Platon et Aristote. A ce titre, il est moins le représentant spécial de l'Allemagne que le génie prophétique de l'humanité. L'éclectisme moderne en France se propose le même objet. Le temps des doctrines exclusives est passé sans retour. — La seconde exception concerne Krause. Cet homme extraordinaire a repris sur une autre base tous les grands projets de Leibnitz. Il a institué une nouvelle critique de l'esprit humain, plus profonde et plus complète que celle de Kant, et, par la réforme de la théorie de la raison et des catégories il est arrivé, en partant de l'analyse du moi, à établir le système absolu de la science de l'Être. Il cherche, comme Descartes, une première certitude, et conclut à un dogmatisme raisonné, qui semble satisfaire à toutes les conditions du savoir; il résout notamment dans un principe absolu toutes les antinomies constatées par Kant entre le subjectif et l'objectif, l'idéel et le réel, le noumène et le phénomène. Son système organique, qui embrasse et rallie en unité la psychologie, la métaphysique, la morale, la religion, l'art, la société, l'histoire, les mathématiques et les sciences naturelles, est le véritable couronnement de tout le développement philosophique antérieur en Allemagne, en France et en Angleterre; il est la synthèse dont Leibnitz avait jeté la première base, et qui, par son caractère universel, doit entraîner la philosophie hors du cercle étroit des nationalités pour la faire professer, comme doctrine, par l'humanité tout entière. Avec Kraus, la philosophie entre dans un âge nouveau, comme je crois l'avoir démontré dans mon *Essai théorique et historique sur la génération des connaissances humaines.*

C'est à la lumière de cette doctrine nouvelle, que je me propose de combler les lacunes principales, et l'absence au moins relative de méthode, dans l'une des questions les plus vastes et les plus élevées qui puissent se présenter à l'intelligence. Je chercherai à faire pénétrer l'esprit de la philosophie de l'Allemagne dans un sujet qui jusqu'ici a été spécialement traité par des auteurs français. Cette conciliation s'offre d'elle-même dans les rapports de l'infini avec l'absolu, rapports qui sont demeurés inaperçus; sur eux se fonde la théorie des ordres ou des puissances de l'infini, dont le calcul différentiel est une branche essentielle.

Du reste, cette œuvre de conciliation me semble parfaitement conforme au génie de la Belgique, lieu d'épreuve pour les vérités nouvelles, centre où viennent se fondre et s'harmoniser les tendances exclusives de l'Allemagne, de la France et de l'Angleterre.

Je prie le lecteur de ne pas perdre de vue que c'est une thèse, et non pas un ouvrage. Les développements manquent à mon sujet. J'espère cependant qu'on n'y trouvera pas d'obscurité, si l'on veut bien me suivre avec quelque attention.

Je ne suis pas entré non plus dans toutes les questions particulières qui se rattachent directement ou indirectement à la théorie de l'infini. La vie d'un homme n'y suffirait pas; car on peut développer la philosophie tout entière au point de vue de l'infini.

J'ai voulu simplement ramener l'infini à son principe, à l'essence, et, d'après ce principe, exposer la théorie de l'infini dans ses contours les plus saillants, dans ses applications les plus générales. Si le principe sur lequel je me fonde est vrai, c'est-à-dire, s'il est incontestable que l'infini est une manifestation de l'essence, et que, réciproquement, toute essence est infinie, la question de l'infini ne pourra jamais être épuisée dans ses détails et dans ses combinaisons particulières.

D'un autre côté, si le principe est vrai, je suis convaincu que les résultats importants auxquels il conduit avec une nécessité invincible paraîtront aux esprits attentifs absolument certains et inattaquables. Par les raisons exposées plus haut, j'aurais pu donner à ma thèse le titre d'Éléments de philosophie mathématique.

Je ne crains donc pas la défiance qu'on apporte généralement de nos jours à la lecture d'ouvrages scientifiques et philosophiques. Je ne demande pas la foi; mais je réclame la bienveillance et l'impartialité que je professe pour les autres.

J'ai divisé mon travail en six chapitres.

Le premier contient les prémisses générales, dont les autres sont des applications particulières. J'y considère la nature de l'infini et du fini, leurs rapports, leur origine, leurs caractères principaux. Je démontre que l'infini, en tant qu'essence, existe sous les formes de l'unité, de l'identité, de la simplicité, de l'éternité, de la nécessité, de l'absolu; et le fini, sous les formes contraires; d'où il suit que toute essence, comme telle, est une, identique, simple, éternelle, nécessaire, absolue, en d'autres termes, est un élément de l'infini. J'établis ensuite sur les rapports de l'infini avec l'absolu et le relatif, la distinction fondamentale des infinis relatifs et de l'infini absolu, des êtres et de l'Être, distinction qui explique l'analogie universelle, et qui sert de base à la théorie des ordres et des degrés de l'infini, envisagé au point de vue de la quantité et de la qualité.

Le second chapitre contient l'application de l'infini aux mathematiques, c'est-à-dire, l'analyse de l'infini sous le rapport de la quantité. J'esquisse l'histoire de l'infini dans les mathematiques, depuis Archimède jusqu'à Leibnitz, j'examine la nature, les propriétés, les ordres et le mode d'existence des quantités infinitésimales ou de l'infiniment petit, comme principe du calcul différentiel ; je pose les règles générales de ce calcul ; je retrace l'histoire philosophique de ses variations et de ses méthodes, depuis Leibnitz et Newton jusqu'à nos jours

Le troisième chapitre contient l'application de l'infini aux divers ordres des êtres ou des essences, c'est-à-dire, l'analyse de l'infini sous le rapport de la qualité et de la perfection. Je distingue la perfection sous le mode du temps et de l'éternité, comme perfectibilité ou progrès, et comme subordination des essences. Je recherche le criterium ou la mesure de la perfection éternelle ; j'expose les règles générales qui doivent nous guider dans son appréciation ; et je les applique sommairement à la plante, à l'animal, à l'homme ; à l'esprit, au corps et à la raison ; au monde physique, au monde spirituel et à Dieu. J'examine ensuite la perfection sous le mode du temps, je pose la loi générale du développement des êtres, et je l'applique à l'histoire de l'humanité, et à la vie de chaque homme en particulier.

Le quatrième chapitre contient la combinaison de la quantité et de la qualité des infinis dans l'univers. Je démontre qu'il ne peut exister dans le monde, des êtres infiniment grands ou infiniment petits ; qu'ainsi l'univers ne renferme que des choses finies, des esprits et des corps ; mais que les esprits et les corps sont infinis en nombre, dans chaque genre et dans chaque espèce, et se développent dans l'infinité du temps et de l'espace, par une succession infinie de périodes déterminées de la vie; que l'univers enfin, dans son unité, présente la combinaison infinie des infinités d'infinités d'êtres et d'essences; qu'il est infini dans le temps, dans l'espace, dans la vie, dans la force; qu'il est un dans son essence, par conséquent éternel, immuable, nécessaire; mais que dans cette unité se développent à chaque instant de nouvelles formes ou des mondes nouveaux, par l'infinie combinaison des infinités d'essences ; et je résous, à ce point de vue, la question de la création et celle de l'optimisme.

Le cinquième chapitre contient l'application de l'infini à la question de l'individualité. Je montre que les individus sont des êtres infiniment finis, ou déterminés sous tous les rapports, et qu'ils sont contenus, comme tels, dans un infini relatif supérieur, en tant qu'il se détermine intérieurement comme fini ; qu'il existe ainsi un principe éternel d'individualité ; que ce principe se manifeste particulièrement, dans la nature, par les êtres physiques; dans le monde spirituel, par les esprits particuliers, et dans la raison absolue, par les êtres raisonnables. J'en déduis ensuite une série de conséquences qui confirment quelques-unes des vérités reconnues antérieurement dans l'analyse.

Ici commence la partie synthétique de la théorie de l'infini. La synthèse se fonde sur une analyse antérieure qui la justifie. L'analyse et la synthèse forment ainsi les deux parties complémentaires d'une seule et même méthode, qui doit conduire l'esprit humain, par une marche progressive, à la reconnaissance du principe absolu de toute science, et transformer la vérité en certitude. Toutes les vérités partielles observées dans l'analyse doivent trouver leur sanction suprême dans la synthèse. Tel est l'objet du dernier chapitre.

Le sixième chapitre contient, en outre, la doctrine de Dieu, comme infini absolu. Je démontre qu'il existe nécessairement un être absolument infini, qui n'embrasse en soi aucun élément fini, mais enveloppe essentiellement tous les ordres et tous les genres d'infinis relatifs. Je détermine succinctement la nature de l'Être, ses attributs fondamentaux, et ses rapports avec le monde et les êtres finis. Ces rapports peuvent se réduire à trois points principaux : la supériorité infinie de l'infini absolu sur les infinis relatifs, de Dieu sur le monde ; la contenance ou la détermination du monde en Dieu, des infinis relatifs dans l'infini absolu, qui est leur cause et leur raison; et l'unité ou l'identité d'essence entre la cause et l'effet, entre la raison et son contenu, entre Dieu et le monde. C'est le développement scientifique des formules de St.-Paul et de St.-Anselme, que j'ai prises pour épigraphe : *Ex ipso et per ipsum et in ipso sunt omnia. Ex ipsa summa essentia et per ipsam et in ipsa sunt omnia.*

Je crois de mon devoir de déclarer, en terminant, que j'ai profité dans cet écrit, des conseils qu'ont bien voulu me donner M. Ahrens, professeur de philosophie et de droit naturel, M. Meyer, professeur de mathématiques, et M. Guillery, professeur de chimie à l'université de Bruxelles. J'ai également mis à contribution les leçons de métaphysique données par M. Ahrens. Ce témoignage donnera une plus grande autorité à ma parole. J'en exprime à ces savants professeurs ma vive gratitude, et les prie d'agréer l'hommage de mon faible travail.

G. TIBERGHIEN.

THÉORIE DE L'INFINI

CHAPITRE PREMIER

DU FINI ET DE L'INFINI EN GÉNÉRAL

—

Sommaire.

1. Nous avons les notions du fini et de l'infini. — 2. La notion de l'infini ne peut être résolue dans celle de l'indéfini. — 3. Le fini exprime un défaut de réalité. Il est une négation, non absolue, mais relative. Il n'existe pas de fini absolu. — 4. L'infini est en lui-même tout ce qui est réel et positif. Il est l'affirmation de la réalité. Toute essence est infine. — 5. L'infini est une notion positive ; le fini, une notion négative. L'infini est la totalité d'essence. Il est sans parties. — 6. L'origine de la notion du fini est dans les sens ; celle de l'infini, dans la raison. — 7. L'infini est la raison et la cause du fini. Développement des idées de cause et de raison. Tout ce qui est fini a une raison infinie. — 8. L'ordre chronologique du fini et de l'infini est le même que leur ordre logique. — 9. Il n'y a point de contradiction entre le témoignage de la raison et celui des sens. — 10. L'infini n'a aucune forme particulière. — 11. Il est immuable et identique. Conséquences relatives aux êtres finis. — 12. L'infini est un. Unité d'essence et de nombre. Conséquences. — 13. L'infini est pur et simple. Corps simples ; idées simples. Immortalité de l'âme. — 14. L'infini est éternel. Toute essence est en dehors et au-dessus du temps. Infinité du temps. — 15. L'infini est parfait, sans développement, sans devenir. Chaque être est parfait en lui-même. — 16. Le fonds de la vie est le bien. Toute essence est bonne. Le bien est un élément de l'infini ; le mal résulte de la finité des êtres. — 17. L'infini est nécessaire ; le fini est possible. Toute essence est nécessaire et constitue une nécessité pour les êtres. Possibilité finie et infinie. — 18. L'infini est absolu ; le fini, relatif. Toute essence contient un principe absolu. — 19. Combinaison de l'infini avec l'absolu et le relatif. Infinis relatifs ; infini absolu. — 20. L'infini absolu possède d'une manière absolue tous les caractères de l'infini, que les infinis relatifs ne possèdent que d'une manière relative. Analogie universelle. — 21. Éléments contenus dans tout infini relatif. — 22. Distinction des infinis relatifs en ordres et en genres, d'après la quantité et la qualité.

1. Toute conscience possède simultanément, avec une évidence plus ou moins grande, les notions du fini et de l'infini, comme idées irré-

ductibles et primitives, auxquelles peuvent se ramener toutes les anti-thèses de la pensée : la cause et l'effet, l'essence et la manifestation, l'unité et la multiplicité, l'éternité et le temps, la perfection et le chan-gement, l'absolu et le relatif[1].

Il est incontestable d'abord que nous avons la notion du fini. Toutes les sciences, tous les arts ont directement ou indirectement pour objet des éléments finis, sous la forme, soit de nombres, de grandeurs ou de figures déterminées, soit de corps, d'êtres ou d'esprits parti-culiers. Il est même une science, une des plus vastes et des plus univer-sellement connues dans ses principes, qui s'occupe spécialement à rechercher les rapports et la nature des quantités ou des grandeurs finies ; c'est la science mathématique, la science par excellence d'après les vues des anciens, plus familiarisés avec l'étude du fini qu'avec celle de l'infini[2].

Mais nous avons également la notion de l'infini ; et nous l'appliquons sans cesse au temps, à l'espace, à l'Être suprême. Nous disons que l'in-fini repousse toutes les déterminations particulières que nous affirmons des choses finies; qu'il n'a, par exemple, aucune forme, aucune cou-leur, aucun son; qu'il n'est visible, ni tangible. Il n'est aucune science non plus où n'entre l'idée de l'infini ; car, toute science est au moins déterminable à l'infini dans son objet propre, et dans ses rapports avec l'universalité des choses. La physique admet la divisibilité à l'infini des corps. Les sciences naturelles regardent les espèces et les genres comme la source infinie d'où s'échappent les individualités. La psychologie pro-clame l'infini dans les facultés de l'esprit. Les mathématiques elles-mêmes emploient constamment l'infini dans la théorie des parallèles, dans la géométrie transcendante, dans les progressions et les séries, et sur-tout dans le calcul différentiel. La conscience populaire enfin, dans toutes

---

[1] Confer MM. Cousin, *Cours de l'histoire de la philosophie*, 1828, leçon 4e ; Bouillier, *Théorie de la raison impersonnelle*, ch. 1; Lamennais, *Esquisse d'une philosophie*, préface, p. 9, s.

[2] Cf. M. Bordas-Demoulin, *Le cartésianisme*, Théorie de l'infini, t. I, p. 432, s.

les langues connues, exprime l'infini par les mots:*toujours et jamais*.

2. Cependant des philosophes, se fondant sur les sens comme unique source des connaissances humaines, ont nié la notion de l'infini, qu'ils ne parvenaient pas à saisir. D'autres, au contraire, ont nié la notion du fini, qu'ils ne pouvaient pas déduire de l'unité absolue et infinie, comme point de départ de la science. Le sensualisme et le panthéisme sont des doctrines extrêmes, également exclusives, également fausses [1]. En procédant avec méthode, sans préoccupation systématique, il faut admettre à la fois le fini et l'infini.

Ceux qui nient la notion de l'infini, parce qu'elle surpasse la portée des sens, cherchent à la résoudre dans l'*indéfini*, c'est-à-dire dans une grandeur que l'imagination étend sans cesse et toujours davantage, dont elle vient à perdre de vue les limites, mais qui reste cependant finie [2]. L'indéfini n'est donc autre chose que le fini qui cherche l'infini, c'est-à-dire le fini qui, porté sur les ailes de l'imagination, atteint à des proportions tellement grandes qu'il devient impossible d'assigner ses limites, bien que ces limites existent en réalité. Cela posé, il est évident que la notion de l'indéfini est un subterfuge destiné à sauver la stérilité du sensualisme, et de plus, un subterfuge malheureux. Car, si l'indéfini a des limites, il faut, sinon les découvrir, au moins en tenir compte. Dès lors, toutes les propositions des mathématiques, dans leur rapport avec l'infini, croulent par la base : il n'est plus vrai que les parallèles, aussi loin qu'on les prolonge, ne puissent jamais se rencontrer; il n'est plus vrai que la progression arithmétique 1 + 2 + 3 + 4... etc. soit infinie, c'est-à-dire qu'on puisse toujours ajouter une unité à un nombre quelconque, si grand qu'il soit; il n'est plus vrai que les corps soient divisibles à l'infini. D'une autre part, si l'indéfini a des limites,

---

[1] Cf. Mon *Essai théorique et historique sur la génération des connaissances humaines ;* introduction, p. 37, s.; partie théorique, p. 85, s.; partie historique, p. 789, s.

[2] Cf. D'Alembert, *Encyclopédie,* art. Infini; Locke, *Essai sur l'entendement humain,* liv. 2, ch. 17; et la plupart des philosophes du xviii⁰ siècle en France.

d'où vient la puissance que possède l'imagination de les étendre toujours davantage et de dépasser indéfiniment les limites primitivement assignées comme les dernières possibles? D'où vient qu'on ne peut pas même poser une limite, sans qu'aussitôt il faille la reporter plus loin? Évidemment il y a là un mystère dont l'infini seul peut rendre raison, et qui provient d'une vaine tentative de l'imagination pour saisir ce qui lui échappe. Ce mirage de l'indéfini qui fuit toujours devant les sens indique clairement que l'infini existe, et de plus qu'il n'est pas une notion sensible. C'est sur la base de l'infini que se développe l'indéfini ; c'est la raison qui soutient l'imagination dans son vol à travers les espaces, comme pour attester sa vanité et son impuissance [1] (n° 6).

Ceux qui, à l'exemple de Spinoza, rejettent la notion du fini, parce qu'elle ne se laisse pas déduire de l'unité absolue et infinie, qui existe nécessairement et qui enveloppe tout ce qui est, sont plus difficiles à combattre. Il n'est pas aussi aisé en philosophie de démontrer l'existence du fini que celle de l'infini. Aussi, le grand problème de toute métaphysique un peu profonde a-t-il toujours porté sur la déduction des êtres finis, sur la théorie de l'individualité. Nous ne sommes pas encore en mesure de résoudre cette question. Mais, que le fini soit d'ailleurs un mode de l'infini, ou une réalité propre, subsistant en elle-même, toujours est-il certain que nous en avons la notion, soit comme mode, soit comme substance [2].

5. Nous entendons par *fini* ce qui a des bornes, des limites, sous quelque rapport que ce soit, comme qualité ou quantité, comme force ou comme grandeur. Un être qui, dans son activité, rencontre des obstacles, est fini, déterminé, sous le rapport de la force. Un être qui a une forme limitée dans l'espace ou qui est juxtaposé à d'autres êtres, à d'autres réalités, est fini, déterminé, sous le rapport de la grandeur. En un mot, partout où il y a limitation, soit intérieure, soit extérieure,

[1] Cf. Fénelon, *Traité de l'existence de Dieu*, seconde partie, ch. 2. M. Bouillier, *Théorie de la raison impersonnelle*, ch. 1, p. 7, s.

[2] Cf. M. Bouillier, *ibid.* p. 16, s.

il y a finité. Ces deux formes du fini, sont même corrélatives : un contenu déterminé suppose nécessairement un extérieur, et réciproquement. Le caractère propre du fini, c'est donc la possibilité d'une distinction entre un intérieur et un extérieur, par conséquent, le *défaut de réalité*, le défaut d'être ou d'essence. Car l'essence exprime la réalité propre de l'être : ces trois termes sont ici synonymes.

Si le fini est un défaut de réalité ou d'essence, il est une *négation*. Il est la négation de toute réalité ultérieure qui n'est pas sa propre réalité. Car, en lui-même, il est quelque chose : il est positif et réel, il a une essence. Mais son essence n'est pas toute essence ; et c'est parce qu'elle n'est pas toute essence, c'est parce qu'il existe encore quelque réalité en dehors d'elle, qui la limite et dont elle est privée, qu'elle est négative et finie [1].

La négation contenue dans l'idée du fini n'est donc pas absolue, mais seulement *relative*. C'est la négation de toute réalité ultérieure, et non pas de toute réalité. Le fini n'est tel que par rapport à d'autres êtres. Comme négation relative, il existe, mais avec des restrictions, avec des limitations intérieures et extérieures. Comme négation absolue, il n'aurait aucune existence; il serait le néant, le néant absolu, qu'on ne peut ni concevoir, ni exprimer, comme Platon l'avait déjà remarqué dans *le Sophiste*.

D'où il suit qu'il n'existe pas de *fini absolu*, comme négation absolue de toute réalité; en d'autres termes, que le fini tient toujours par quelque rapport à l'infini. Comment y tient-il? Nous disons que c'est par ce qu'il est en lui-même, c'est-à-dire par son essence ou sa réalité. En effet, si le fini n'est tel que par rapport à d'autres êtres, il n'est donc pas fini en lui-même. Si, d'une autre part, le fini exprime une négation, cette négation ne porte pas sur l'essence de l'être, considérée en elle-même, puisqu'elle est quelque chose, mais sur ses rapports avec toute essence ultérieure. En elle-même, toute essence est positive et

---

[1] Cf. Krause, *System der Philosophie*, p. 413.

réelle. Elle n'est donc pas finie, mais infinie ; elle n'est pas actuellement déterminée dans tout son contenu, mais infiniment déterminable. Aussi est-il impossible de se représenter un fini absolu, quelque chose qui soit absolument en dehors de toute relation avec ce qui est, et séparé de tout l'ensemble des êtres et des phénomènes de l'univers[1] (n°77).

4. L'infini exprime l'absence de tout ce qui est fini et déterminé ; l'absence de toute limite, de toute négation, de toute forme particulière. L'infini, comme tel, est une totalité complète dans laquelle on ne peut plus distinguer entre l'intérieur et l'extérieur ; qui ne contient aucun défaut de réalité ; mais qui est en lui-même tout ce qui est réel et positif. Ainsi, l'espace comprend dans son infinité toutes les formes, toutes les figures réelles et possibles ; aucune combinaison de lignes ne peut exister en dehors de l'espace, qui lui-même n'a aucune forme déterminée ; son essence est sans bornes dans l'immensité ; aucun lieu ne lui est extérieur ; il n'a ni commencement ni fin dans aucune de ses dimensions.

Si l'infini est l'absence de tout ce qui est fini, il est la négation de toute négation ; il est essentiellement positif. L'infini est l'*affirmation* de toute réalité, de toute essence, comme le fini en est la négation relative ; et comme tout ce qui est négatif atteste le fini, tout ce qui est positif et réel atteste l'infini. Le fini même, nous venons de le voir, en tant qu'il est quelque chose et qu'il a une essence, est de l'infini, ou plutôt est infini. Toute essence est infinie, considérée en elle-même ; en d'autres termes, l'infini, comme essence, est dans tout ce qui est, parce que rien ne lui est extérieur. Ainsi, toute figure déterminée dans l'espace est encore infinie en elle-même, et déterminable à l'infini dans son essence propre. Chaque ligne, par exemple, peut être étendue ou divisée à l'infini, notamment si on la représente par l'unité.

5. L'infini, étant positif en lui-même, est aussi une *idée positive*, comme le fini est par la même raison une notion négative. La plupart

[1] Cf. M. Bordas-Demoulin, *Théorie de l'infini*, p. 436. M. Bouillier, *Théorie de la raison impers.*, p. 14, s.

des langues ont renversé le rapport logique de ces notions dans les formes qu'elles leur ont consacrées [1].

Puisque l'infini est une idée positive, il conviendrait aussi, pour la rigueur du langage philosophique, de lui assigner un terme positif. Ce terme est la *totalité*. L'infini exprime la totalité de l'essence. On ne peut l'expliquer qu'en disant qu'il renferme tout, qu'il est lui-même tout ce qui est essentiel. Ainsi, l'infinité de l'espace désigne la totalité d'essence de l'espace. L'idée est la même, sans doute ; mais en disant que l'espace est infini, on semble dire seulement, d'une manière négative et en quelque sorte extérieure, qu'il n'a point de bornes; tandis qu'on doit entendre par là, qu'il contient en soi absolument tout ce qui est essentiel et positif dans l'étendue.

Mais il ne faut pas prendre l'expression de totalité dans un sens matériel, comme une composition de parties, et prétendre alors que le fini est une *partie* de l'infini. Dans ce sens, elle ne s'applique qu'aux grandeurs, aux corps finis. L'infini n'a point de parties ; il est simple et indivisible ; il n'y a rien à y ajouter, rien à en retrancher. La totalité est avant tout une totalité d'essence, qui est une et entière. Elle est si peu divisible que nous ne pouvons pas même l'atteindre par l'adjonction indéfinie de nouvelles parties (n° 2), et que nous la concevons précisément sous le caractère de la simplicité. Mais s'il n'y a point de parties dans l'infini, il peut présenter cependant une variété infinie de modalités ou de combinaisons internes. L'espace, par exemple, contient un nombre infini de figures distinctes, régulières ou irrégulières, qui toutes ne sont que des combinaisons différentes de ses trois dimensions, c'est-à-dire de son essence une et indivisible.

6. L'*origine* de la notion du fini est dans nos sens, ou du moins les sens sont la condition première de la perception de tout ce qui est fini et déterminé. Sans doute, il faut d'autres conditions encore pour opérer la connaissance sensible : d'abord, les sens n'agissent pas en vertu de

[1] Cf. Fénelon, *Traité de l'existence de Dieu*, sec. part., ch. 2. — M. Bouillier, *Théorie de la raison impers.*, ch. 1.

leur propre énergie ; ils sont les agents de l'esprit pour la perception du monde extérieur, et leurs impressions sont de nulle valeur aussi longtemps qu'elles n'ont pas été accueillies dans la conscience par un acte d'attention et de réflexion. En second lieu, toute connaissance n'est possible qu'à l'aide de certaines idées simples, appelées catégories, que l'esprit applique, comme des anticipations, à tout ce qui est, au fini et à l'infini : ces idées sont celles de l'être, de l'essence, de la causalité, de l'unité, de l'identité, etc. Mais, en dehors de ces conditions générales de tout acte de connaissance, quel qu'il soit, la connaissance du fini exige encore la perception sensible. La nature même de nos sens implique le fini. Chacun d'eux a un contenu et un objet déterminés, par conséquent un intérieur et un extérieur. La vue perçoit les couleurs; l'ouïe, les sons, etc. Nous avons même des sens exclusivement réservés à la perception du monde extérieur, et un sens interne, l'imagination, laquelle, étant elle-même l'étendue intérieure ou intelligible, revêt cette perception individuelle des formes de l'espace [1].

Mais l'idée de l'infini a une origine plus haute. Les sens sont impuissants à l'atteindre. Leur portée est toujours limitée dans un certain rayon et dans une direction déterminée ; elle est susceptible de plus ou de moins ; elle est relative à chacun de nous. Or, tous ces caractères sont contradictoires avec l'idée de l'infini, qui est une et la même pour tous, sans détermination, sans limites. Les sens et l'imagination ne contiennent donc pas l'infini (n° 2). L'infini n'a rien de sensible ; il est une idée de la raison pure. D'où il suit que le contenu de la raison doit être infini comme son objet. La raison ne peut embrasser l'infini que sous la condition d'être infinie elle-même. Car, le même ne peut être conçu que par le même : il y a un parallélisme nécessaire entre la nature des fonctions de l'esprit et la réalité qui leur correspond. C'est un des premiers principes qu'ait admis la philosophie dans son développement historique.

[1] Cf. M. Ahrens, *Cours de psychologie,* leçons 8 et 9 ; et mon *Essai sur la génération des connaiss. hum.,* partie théor., ch. 4.

7. Nous avons trouvé jusqu'ici une connexion nécessaire entre les idées du fini et de l'infini. On ne peut cependant pas admettre, à moins de rencontrer dès le principe une contradiction et un dualisme insolubles dans les êtres et dans les choses, que l'une de ces idées ne soit la cause ou la raison de l'autre. En effet, nous appelons *raison* ce qui contient une autre chose comme possible, et nous entendons par *cause* ce qui détermine une autre chose comme réelle. C'est ainsi que nous sommes la cause de nos actes, lorsque nous considérons ces actes dans leur actualité ou effectivité, c'est-à-dire dans le temps ; et nous sommes la raison de nos actes, en tant que tous nos actes, sans considération de temps, c'est-à-dire, sous le caractère de l'éternité, sont contenus en nous comme possibles. Or, personne ne soutiendra que le fini soit la cause ou la raison de l'infini, parce que la puissance de l'effet ne peut excéder la puissance de la cause, ni le contenu être plus grand que le contenant. Nous dirons, au contraire, que l'infini est la cause et la raison du fini, en d'autres termes, que le fini n'est possible et n'existe comme réel que par l'infini.

Comme nous aurons souvent à revenir sur ces idées fondamentales, nous entrerons ici dans quelques considérations plus approfondies sur leur nature. Nous laisserons parler M. Bouchitté.

« L'idée de cause renferme nécessairement l'idée d'une force active, opérante ; celle de raison ne semble pas d'abord entraîner inévitablement avec elle l'idée d'action. La raison des choses reste immobile ; elle porte en elle tout ce qui peut servir à leur création, mais elle ne la provoque ni ne l'opère. On reconnaît, il est vrai, dans le bloc de marbre, dans le génie et la main exercée du statuaire, la raison suffisante de l'objet auquel il va donner naissance ; mais tous ces éléments ne produiront rien, la conception de l'artiste restera seulement possible, sans jamais être réalisée, si un acte de la volonté n'intervient comme cause, ne met toutes ces puissances en mouvement, et ne crée ainsi l'ouvrage qui doit en résulter.

» La notion de raison est donc fondée sur une loi de l'esprit hu-

main, en vertu de laquelle nous ne saurions concevoir qu'une chose fût
faite de rien, et qui nous force de remonter jusqu'au sujet dans lequel
se trouvent préalablement les éléments dont cette chose a été formée.
Celle de cause repose à son tour sur l'idée nécessairement conçue d'une
force volontaire qui met les éléments en action. La raison fournit en
quelque sorte le plan et les matériaux, à l'aide desquels la cause réa-
lise l'objet projeté.

» Ainsi, les êtres de la nature intellectuelle ou matérielle ont la raison de leur existence dans un être plus général qu'eux, dans lequel
l'analyse doit retrouver à un degré supérieur et sans qu'il en manque,
toutes les formes, qualités, éléments qu'ils reproduisent ; mais il n'en
est pas moins certain que si cet être, considéré comme raison, porte en
soi la nature tout entière comme possible, il faut quelque autre chose
encore pour que cette nature de possible devienne réelle, pour qu'elle
passe de la simple virtualité à l'acte. C'est ici qu'intervient né cessaire-
ment la notion de cause, comme principe actif, opérant le passage de
la possibilité à l'être.

» L'esprit créateur est ainsi conçu comme raison et comme cause.
Mais ces deux notions, qui trouvent en lui leur unité et leur lien, n'en
sont pas moins parfaitement distinctes l'une de l'autre...

« Leurs rapports avec les objets émanés ou créés sont aussi complétement différents. La cause se présente comme contingente, libre, spéciale, extérieure à l'objet qu'elle crée ; la raison est nécessaire, elle
comporte toujours une certaine généralité, elle est avec son objet
dans un rapport inévitable de dépendance mutuelle et d'étroite
union... [1]. »

L'idée de raison exprime donc le rapport intime et essentiel du contenant au contenu, rapport dans lequel le contenu est considéré comme
fini relativement au tout supérieur qui l'enveloppe dans son essence.

---

[1] *Histoire des preuves de l'existence de Dieu*, Paris, 1841, première partie, § 6.
Cf. Krause, *System der Philosophie*, p, 118, s. M. Ahrens, *Cours de psychologie*,
partie métaphysique.

Voilà pourquoi, aussitôt que nous concevons quelque chose de fini ou de déterminé, nous ne pouvons nous défendre de demander sa raison ; car tout être, en tant que fini, implique nécessairement une essence ultérieure et infinie sur laquelle et dans laquelle il est fondé. Tout ce qui est fini a donc une raison supérieure et infinie. Les figures géométriques, par exemple, trouvent leur raison dans l'infinité des combinaisons possibles entre les dimensions de l'espace. Mais l'infini, comme tel, n'a plus de raison ultérieure ; car étant lui-même toute essence, il ne peut être fondé sur une essence plus générale.

Et réciproquement, aussitôt que nous concevons l'infini dans le rapport particulier de raison avec ce qu'il contient en lui-même, nous devons le considérer comme intérieurement déterminé , comme renfermant en soi des déterminations finies, peut-être en nombre infini.

8. Mais, si dans la réalité, le fini n'est possible que par l'infini, en est-il encore de même au point de vue de l'acquisition de nos connaissances? Ces idées apparaissent-elles en nous dans le même ordre et la même succession que nous les présente la logique? M. Cousin, et après lui M. Bouillier, prétendent que le rapport est inverse, c'est-à-dire que le fini est l'antécédent *chronologique* de l'infini, comme l'infini est l'antécédent *logique* du fini. Cette proposition séduit au premier abord par sa grande simplicité. « Avant de concevoir l'infini, dit M. Bouillier, il faut que nous soyons préalablement entrés en conscience de notre être fini. Avant de nous élever à la notion de ce qui n'est pas nous, il faut que d'abord nous ayons pris possession de nous-mêmes. La conscience de nous-même, de notre être limité et imparfait, tel est le point d'appui nécessaire, duquel la pensée s'élance vers l'absolu, vers l'infini... Mais la notion du fini une fois donnée sous une forme ou sous une autre, à l'instant même nous concevons l'infini [1]. »

---

[1] *Théorie de la raison impers.*, ch. 1, p. 10, s. Cf. M Cousin, *Cours de l'histoire de la philos.*, 1828, 4e leçon ; et 1829, 17e leçon.

Cependant, si l'on veut bien, dans cette question d'origine, tenir compte de la nature du fini et de l'infini, on pourra se convaincre que le rapport chronologique de ces idées est le même que leur rapport logique. En effet, chaque être, chaque objet, en tant qu'il a une essence ou qu'il est positif, est infini; il n'est fini que dans sa différence avec d'autres êtres, dans son défaut de réalité (n° 4). Au premier regard que nous jetons, soit en nous-mêmes, soit sur le monde extérieur, nous rencontrons, il est vrai, des êtres ou des objets finis. Mais, est-ce comme finis que nous les reconnaissons? En d'autres termes, est-ce leur finité qui nous frappe d'abord? Je ne le pense pas. D'après le procédé général de l'esprit, et par suite de la faiblesse de nos sens dans la première enfance, tous les objets nous apparaissent d'abord comme ne formant qu'une seule et même chose, où rien n'est encore distinct. Les enfants éprouvent la plus grande difficulté à distinguer les objets; leurs premières années sont consacrées à ce travail. L'unité est donc, selon toute apparence, le caractère primitif de la conception des choses; et cette unité enveloppe à la fois le fini et l'infini. Mais, aussitôt que l'enfant commence à distinguer, c'est le côté positif et réel des objets qui fixe son attention, et alors, sans qu'il s'en doute, c'est l'infini qu'il envisage dans le fini. Il considère les êtres en eux-mêmes, dans leur nature propre, avant de considérer leurs différences et leur privation de réalité. Tout ce qu'il voit est de la réalité, est un élément de l'infini. Examiner la face négative des objets, leurs différences et leurs distinctions, est une œuvre d'analyse qui demande les efforts soutenus de la réflexion. Et de même, quand pour la première fois l'enfant arrive à la conscience de lui-même, quand il peut dire *moi*, il ne sait pas encore s'il est fini ou infini, mais, qu'il le sache ou qu'il l'ignore, c'est l'élément positif et infini de sa nature qu'il affirme. Plus tard, lorsqu'il distingue entre le fini et l'infini, il s'aperçoit bientôt qu'il est impossible de déterminer un être sous tous les rapports, parce que chaque être soutient des rapports infinis avec l'universalité des choses. Une détermination complète serait une détermination infinie.

9. La raison nous ouvre le monde de l'infini dans sa simplicité ; les sens nous ouvrent le monde de la distinction et de la multiplicité indéfinie. Y a-t-il donc contradiction entre le témoignage de la raison et celui des sens, comme le prétendent certains auteurs, jaloux de montrer la faiblesse de l'esprit humain pour relever sur ses ruines l'autel de la foi ? Nullement. L'infini est encore dans chaque fait de sensation, par les lois universelles de la lumière, de la chaleur, de la gravitation, comme la raison intervient dans la perception, par les idées simples ou les catégories (n° 6). L'expérience et la raison ont sans doute des objets distincts, mais non pas séparés et contradictoires. Car nous n'avons pu, jusqu'à ce moment, isoler complétement le fini de l'infini. Nous avons reconnu que partout où est le fini est aussi l'infini, comme une condition nécessaire de son existence ; et réciproquement, que partout où est l'infini est aussi le fini, comme une détermination intérieure (n°ˢ 5, 5, 7). La coexistence, les rapports de ces deux éléments peuvent seuls expliquer les antinomies apparentes qui se montrent dans la vie des êtres. C'est ce que l'expérience confirme pleinement. Jamais, en effet, elle ne présente un phénomène qui n'ait des relations directes ou indirectes avec d'autres phénomènes, et même avec l'universalité des êtres et des choses. Elle constate, au contraire, que les lois de la nature se combinent à des degrés divers dans tout l'ensemble des faits, et dans chaque fait en particulier. Les sciences naturelles n'ont pas d'autre fondement [1].

10. Après avoir exposé la nature de l'infini, comme manifestation de l'essence, son origine rationnelle et ses rapports généraux avec le fini, analysons sommairement ses principaux caractères.

L'infini n'est rien de particulier, de déterminé, ni sous le rapport du fond, ni sous le rapport de la forme : il est une totalité d'essence; c'est là son caractère le plus général. Ainsi, point de limitation dans son essence : toute limitation dans l'infini est un élément du fini ; point de

---

[1] Cf. M. Bouillier, *Théorie de la raison impers.*, p. 14, s.

limitation extérieure, point de forme précise : toute forme particulière est encore l'indice du fini. On peut sans doute demander, par rapport à l'infini, comme par rapport au fini : *Comment* existe-t-il ? Mais à cette question il n'y a d'autre réponse que celle-ci : il est posé d'une manière infinie, il est infiniment ou complétement positif. L'idée de la forme ne convient proprement qu'aux choses sensibles qui existent dans le temps et dans l'espace, et manifeste leur distinction extérieure, leur limitation matérielle. L'infini, comme idée rationnelle, n'a aucune forme déterminée ; il est indépendant du temps et de l'espace.

11. Si l'infini n'a point de forme particulière, il n'est pas non plus sujet à changer de forme : il ne se manifeste que d'une seule manière. Or, c'est dans la forme et dans les manifestations que se montre le *changement* des êtres : leur essence ne change point. L'essence de l'arbre, de l'animal, de l'homme, est toujours la même ; l'esprit est toujours de l'esprit, la matière toujours de la matière : toute essence est *immuable*. Elle ne peut changer que dans les déterminations intérieures et finies contenues en elle comme dans leur raison et leur cause (n°. 7). Ces déterminations varient, mais sont invariablement la manifestation de la même essence. Ainsi, la plante se montre successivement comme germe, racine, tige, branches, feuilles, fleurs et fruits : c'est toujours la même essence, puisque le même germe produit en tous temps et en tous lieux les mêmes phénomènes ; mais cette essence, intérieurement déterminée, se montre aussi dans son intérieur sous une variété de formes et de manifestations. L'infini, l'essence pure et considérée comme telle, est donc au-dessus de la condition du changement : l'infini est immuable, toujours le même, toujours *identique*.

D'où il suit que tous les êtres, en tant qu'ils participent à l'infini par leur essence, ont en eux-mêmes un principe d'identité et d'immutabilité. Ils ne changent point de tout leur être ; leurs changements se développent sur un fonds immuable, comme leurs différents états expriment une essence identique. Chaque être individuel persévère dans son identité. Il est absolument impossible qu'un homme devienne jamais un animal, une plante ou même un autre homme.

12. Puisque l'infini, comme tel, n'existe que d'une seule manière, immuable et identique, il se manifeste aussi sous le caractère de l'*unité*. Ce qui est immuable et toujours le même, est nécessairement un. Toute variété ou *multiplicité* témoigne de l'existence du fini, puisqu'elle exprime la juxtaposition de plusieurs choses qui se limitent mutuellement. Ainsi, nos sens, qui nous ouvrent le monde du fini, sont diversifiés en eux-mêmes; la raison, qui nous montre l'infini, est une et identique (n° 6). L'unité est d'abord une unité d'essence, une totalité complète, sans distinction et sans parties. Ensuite, elle est aussi une unité numérique. L'unité de nombre est, dans un certain sens, le côté formel de l'unité d'essence; cependant, elle ne donne à l'infini aucune forme déterminée.

D'où il suit de nouveau que tous les êtres, dans leur essence, ont un principe d'unité. Tout ce qui est infini, est un. Chaque homme individuel, par exemple, est constitué, dans sa nature propre, par une unité essentielle et numérique. Il est un en lui-même; il n'a qu'une seule essence et cette essence est à lui seul. Mais, considéré dans le rapport particulier de raison qu'il soutient avec ce qui est contenu en lui, il se montre sous l'aspect de la dualité; il renferme deux termes, qui sont finis l'un par rapport à l'autre, l'esprit et le corps. Si l'homme est un dans son essence, l'esprit et le corps sont donc deux manifestations diverses contenues dans l'unité de la nature humaine; en d'autres termes, il n'y a qu'une seule essence pour l'esprit et pour le corps (n° 48). — De même, il n'y a qu'une seule essence pour tous les hommes, en tant qu'on les considère comme formant un même genre, le genre humain. Car s'il est vrai, que l'effet ne peut être d'une nature différente de la cause, dont il est cependant séparé, le même principe doit être vrai, à fortiori, dans le rapport de raison, où la séparation n'a pas encore lieu (n° 7). Il y a donc identité d'essence entre le genre et ses espèces, entre l'espèce et les individus dont il est la raison. Tous les hommes individuels ont leur raison dans l'humanité, qui est une et infinie en elle-même, quoique limitée et multiple dans ses détermi- nations intérieures. — De même encore, si l'on regarde l'humanité comme ayant sa raison dans l'univers, manifesté sous la dualité du monde spirituel et du monde physique ou de la nature, l'humanité forme de nouveau avec l'univers une seule et même totalité d'essence. L'univers aussi, dans son essence, est infini, par conséquent un; il est limité aussi, dans son intérieur, dans le monde physique et dans le monde spirituel, qui expriment sous deux faces distinctes l'unité de son essence. — Nous sommes ainsi conduits à la conception de l'unité absolue et de l'identité fondamentale de toute essence, conception qui ne peut être bien saisie que par la distinction des divers genres d'infinis (n° 19, 20). Nous voyons aussi que l'unité n'exclut pas la variété et la distinction, que l'identité ne repousse pas la différence; mais que la différence et la variété sont contenues dans l'unité et dans l'identité, comme déterminations particulières, conformément au principe de la raison.

15. L'unité est aussi la *pureté* et la *simplicité*, qui expriment l'in- corruptibilité et la non décomposition de l'essence infinie. L'infini est un et le même; par conséquent, il n'est pas sujet à se décomposer, il est pur et simple. Toute essence, comme telle, est donc simple et indestructible : l'esprit est simple, la matière est simple. Des corps particuliers et finis peuvent se décomposer et périr, comme corps, mais leur essence demeure, qu'elle passe à l'état de vapeur ou de pous- sière. La destruction d'un corps n'est que sa réduction à ses éléments simples : au-delà, la décomposition, qui serait l'anéantissement, est impossible.

Mais si toute essence est simple en elle-même, elle renferme aussi, considérée dans ses rapports avec son contenu, un principe de décom- position ou de particularisation. Ainsi la matière renferme un nombre déterminé de corps simples, dont la chimie explique les propriétés et les combinaisons, et qui tous, quoique formés de la même essence matérielle, sont distincts entre eux et irréductibles. La métaphysique se propose le même objet dans l'examen des éléments simples de la pensée ou des catégories (n° 6). C'est à l'aide des catégories que nous cherchons à déterminer les caractères de l'infini.

Tous les êtres, à quelque ordre qu'ils appartiennent, sont donc simples et indestructibles dans leur essence. Rien de ce qui est, âme, matière ou monde, ne peut être anéanti. La preuve de l'immortalité de l'âme, déduite de sa simplicité, et combinée avec les idées de l'éternité et du temps, de l'existence et de la vie (n° 14, 54), est d'une évidence incontestable. Mais elle doit être généralisée et appliquée à toute essence, quelle qu'elle soit.

14. En tant qu'un être change, il est dans le *temps* ; en tant qu'il est immuable (n° 11), il est en dehors du temps, il est *éternel*. En effet, le temps exprime la succession des diverses manifestations, des états particuliers par où passent les êtres finis ; partout où nous apercevons une succession de faits, un changement de situations, nous reconnaissons le temps. Temps et changement sont donc des idées corrélatives. Seulement, nous disons que les changements d'un être sont réglés et mesurés par le temps ; et comme cette mesure n'est pas quelque chose d'essentiel dans l'être, mais plutôt quelque chose qui enveloppe la propriété d'agir et de changer, qui lui permet de se déployer, nous pouvons appeler le temps la *forme* du changement.

Nous dirons dans le même sens que l'éternité est la forme, la manière d'être de ce qui est immuable, c'est-à-dire de l'essence. L'éternité n'est donc pas, comme on le pense vulgairement, l'infinité du temps, mais une manière d'être en dehors et au-dessus du temps. Car, ce qui est immuable ne peut changer sous aucun rapport.

D'où il suit que tout ce qui est infini, immuable, essentiel, dans les êtres et dans les choses, est éternel. Tous les êtres, esprits ou corps, considérés dans leur essence, sont en dehors et au-dessus du temps. Les changements qui s'opèrent en eux ne sont pas une modification de l'essence, mais le passage, la liaison d'un état à un état différent,

3.

d'une forme à une forme nouvelle; c'est-à-dire, d'un élément fini à un autre élément fini, qui, comme tels, sont dans le temps. Et, comme ces changements sont effectués par l'être même, chaque être est aussi la raison de son temps ; en d'autres termes, le temps a sa source dans l'essence éternelle, en tant que déterminée dans son intérieur (n°7). En effet, plus on agit, plus vite s'écoule le temps.

Il existe donc un rapport entre le temps et l'éternité. L'éternité est la raison du temps, comme l'infini est la raison du fini. Et puisque l'éternité, comme manifestation de l'infini et de l'immuable, existe d'une manière pure et simple (n°13), sans commencement et sans fin , elle n'a pas non plus commencé à être la raison du temps. Le temps est donc aussi sans commencement et sans fin : il est l'écoulement infini de l'éternité. En effet, le temps est en lui-même un élément fini : il n'appartient qu'aux êtres finis ; il est la forme de leurs changements successifs et finis; il se divise en périodes déterminées dont chacune a son passé, son présent et son avenir. Ce n'est donc point par lui-même que le temps peut être infini, c'est par sa relation avec l'éternité où il projette ses racines.

Ce qui existe sous le caractère de l'éternité existe donc aussi de tout temps. Le temps, conçu dans son infinité, est la liaison de l'infini au fini. En effet, tous les êtres sont infinis dans leur essence, quoique finis dans leurs déterminations intérieures. Comment la co-existence de ces deux éléments est-elle possible? C'est par l'infinité du temps. En tant que finis, les êtres ne peuvent manifester leur essence infinie en un seul et même acte ; ils sont à chaque instant dans un état complétement déterminé sous tous les rapports ; mais ces états doivent se succéder dans l'infinité du temps (n° 59); et c'est alors le temps infini qui rend possible d'une manière successive ce qui ne peut avoir lieu d'une manière simultanée [1].

15. Le temps, conçu comme la liaison d'un état déterminé à un

[1] Cf. M. Ahrens, *Cours de psychologie,* leçons 7 et 12. Krause, *System der Philosophie,* p. 105, s., et 473, s.

autre état également déterminé, est encore la formule générale du devenir, du développement et de la vie. Toutes ces idées sont du même genre et ne conviennent qu'aux êtres finis. Le devenir indique le passage de ce qui n'était pas à ce qui est maintenant, de la puissance à l'acte. Le développement manifeste le mouvement ascensionnel ou le progrès de la vie dans ses périodes successives. La vie enfin exprime la causalité propre des êtres finis qui sont la cause de leurs changements dans le temps (n° 54).

Le *développement* est le mouvement de la vie vers une *perfection* de plus en plus grande. Ainsi, la plante se développe depuis le germe, qui contient toutes ses parties d'une manière indistincte, jusqu'à la fleur, qui est son essence la plus intime et la mieux déterminée, sa forme la plus parfaite et la source de plantes nouvelles. De même l'homme se développe dans la variété de ses facultés physiques et spirituelles, jusqu'à l'âge où il entre en possession complète de tous ses moyens et de toutes ses richesses. Ces développements successifs ne sont possibles que dans le temps et dans la vie des êtres finis. L'infini ne se développe pas ; il n'a point de perfection à atteindre ; il est parfait dans toute son essence. Les idées de perfection et d'infini sont si étroitement unies qu'on les confond souvent l'une avec l'autre [1].

Toute essence, comme telle, est donc parfaite en elle-même, par conséquent, soustraite à la condition du développement. Chaque être est parfait dans son genre, et possède tous les moyens nécessaires à l'accomplissement de son but.

16. Le fonds de la vie, ou plutôt l'essence réalisée librement dans la vie, est le *bien*. Le bien exprime un rapport entre l'essence et la causalité : il est l'essence effectuée. Et comme, dans l'esprit, la volonté est particulièrement la faculté de causalité, qui donne l'impulsion au sentiment et à l'intelligence, c'est aussi à la volonté que se rapporte particulièrement le bien. Donc, toute essence, comme telle, est bonne,

---

[1] Cf. M. Ubaghs, *Ontologiæ seu metaphys. gener. elementa*, ch. 1, § 2.

puisqu'elle ne demande qu'à être réalisée pour engendrer le bien. *In quantum est, quidquid est, bonum est,* dit St.-Augustin [1]. Obéir à sa nature, comprise dans ses éléments essentiels, c'est donc faire le bien, c'est accomplir sa destinée [2].

Le bien est un élément de l'essence ou de l'infini. D'où il résulte que, s'il existe une seule et même essence pour tous les êtres (n°12), le bien doit aussi être considéré d'abord comme un et absolu, comme identique et immuable. A cet égard, tous les êtres réalisent, dans l'infinité du temps, un seul et même bien. Mais comme l'essence, dans ses déterminations intérieures, est différentiée par rapport aux ordres des êtres, le bien infini est aussi déterminé dans les espèces et dans les genres. Chaque être a son bien propre et sa destinée individuelle. Il doit réaliser, comme son bien, à son point de vue individuel, toute l'essence de son espèce (n°12). Le bien de l'homme, à cet égard, n'est pas le bien de l'animal ou de la plante ; le bien de l'esprit est distinct du bien du corps : et dans l'esprit, le bien de l'intelligence, qui est la vérité, est encore différent du bien du sentiment, qui est l'amour, et du bien de la volonté, qui est l'accomplissement de la loi morale.

C'est dans cette distinction des divers ordres du bien que réside la possibilité du *mal.* En effet, le mal, dans tous ses degrés, se fonde toujours sur une distinction, sur un rapport entre deux termes finis. Il n'est pas un principe en soi, ni un être ; car aucune chose en soi n'est mauvaise. Il exprime donc un rapport entre des choses bonnes en elles-mêmes, mais mal combinées par la libre causalité des êtres, par conséquent un faux rapport. Le mal est la négation de l'essence : il a une cause privative, comme le déclarent St.-Augustin et Leibnitz. Il prend donc sa source dans la finité des êtres ; c'est en tant que finis , que les êtres peuvent, en vertu de leur causalité propre, briser les rap-

---

[1] *De civitate Dei,* XI, 22.

[2] La doctrine morale de Fourier, qui regarde comme bonnes toutes les passions, c'est-à-dire toutes les facultés essentielles de la nature humaine, repose sur le même principe.

— 33 —

ports de vérité, de bien et de justice, qui existent entre les choses;
isoler les parties de leur tout; abstraire les effets de leurs causes; en
un mot détruire, dans la mesure de leurs forces, l'unité et l'harmonie
des êtres. Comme tel, le mal peut se montrer dans tout ce qui est
fini, dans tous les domaines de la vie soit spirituelle, soit physique.
Mais c'est dans la sphère de l'esprit qu'il est le plus intense, parce que
l'esprit, par son caractère de spontanéité, peut plus facilement mé-
connaître et troubler l'ordre absolu des choses [1].

17. Réaliser son essence, comme son bien, constitue pour chaque
être sa *nécessité*. L'idée de la nécessité est étroitement unie aux idées
de l'unité et de l'infini. Tout ce qui est infini, est un ; tout ce qui est
un, est nécessaire. En effet, nous appelons nécessaire ce qui doit être tel
qu'il est, et ne peut être autrement; c'est-à-dire, ce qui n'existe que
d'une seule manière, sous un seul mode possible. La nécessité exprime
donc l'existence sous le mode de l'unité. L'idée contraire, la *possibilité*,
exprime l'existence sous le mode de la variété, de la distinction, du
fini. Elle implique une diversité de conditions ou d'actes, entre lesquels
on peut faire un choix, ou une diversité de formes et de cas qui
peuvent se présenter dans la vie. La faculté du choix suppose la liberté.

Ainsi, toute essence, comme infinie, est une et nécessaire. Il est
impossible qu'elle ne soit pas, ou qu'elle soit différente de ce qu'elle est.
On ne peut donc pas supposer, avec Locke, que l'esprit ou la matière
cesse d'exister, ou que l'une acquière les propriétés de l'autre. Chaque
être, considéré dans son essence, existe de toute nécessité.

Si l'essence est nécessaire, elle est aussi une nécessité pour les êtres.
Chaque être doit réaliser son essence, toute son essence, rien que son
essence. Il ne lui est pas loisible d'être ou de ne pas être, d'agir ou de
n'agir pas ; il doit vivre, il doit agir ; et en agissant, il ne peut que
manifester ce qu'il est. L'homme, par exemple, doit vivre d'une vie
humaine : sa nature propre, sa qualité d'être raisonnable est pour lui

[1] Cf. M. Ahrens, *Cours de psychologie*, t. II, p. 289, s., 301, s. Krause, *System der Philosophie*, p. 499, 517, s.

une nécessité invincible. Il ne peut, sans froissement intérieur, sans remords, refuser son assentiment aux lois de la vérité, de l'amour et du bien. La notion du devoir, comme obligation morale résultant de l'alliance de la nécessité et du bien, est écrite dans sa conscience.

La nécessité est la raison de la possibilité. Tout ce qui est possible pour un être est contenu dans son essence nécessaire. Le possible a donc des limites, qui sont rigoureusement déterminées par l'essence. Tout ce qui n'est pas dans l'essence d'un être est impossible pour lui. Cependant, comme la nécessité est une, simple et infinie, par ses rapports avec l'essence, et qu'elle contient en soi la possibilité comme une détermination intérieure et finie, il faut que la possibilité, bien que limitée en elle-même, soit encore infinie dans le temps (n° 14). Donc, toute essence renferme dans sa simplicité une série infinie d'états ou de situations possibles, qui toutes sont distinctes entre elles, et doivent toutes éclore successivement, par la libre causalité des êtres.

18. L'infini étant un, éternel, nécessaire, est encore *absolu*. Il existe par soi, et n'a aucune raison supérieure de son existence. En effet, nous avons vu que tout ce qui est fini a sa raison dans quelque chose d'infini : le temps dans l'éternité, le multiple dans l'un, le possible dans le nécessaire. Mais l'infini lui-même, ne pouvant par sa nature être contenu dans aucune autre chose, n'a plus de raison ultérieure (n° 4, 7); il est donc tout entier par soi, de soi : il est absolu. L'idée opposée est exprimée par les mots de *dépendance* et de *conditionalité*. Le fini dépend de l'infini qui lui fournit les conditions et la possibilité de l'existence ; il ne peut subsister que par ses rapports avec l'infini, c'est-à-dire, d'une manière relative (n° 5); tandis que l'infini est inconditionnel, ne dépend que de soi et n'a de rapport qu'avec soi. Car hors de l'infini, il n'y a rien qui puisse lui donner l'être; s'il existe, il doit nécessairement exister par lui-même; il doit être dégagé de toute condition de temps, de développement, de multiplicité et de différence ; tout ce qui est doit trouver en lui les conditions de son existence, la raison et la loi de sa destinée.

C'est proprement cette indépendance, cet affranchissement de toute condition ultérieure que désigne le terme d'absolu (ab-solutus). La plupart des langues, se fondant sur le rapport intime qui existe entre l'infini et l'absolu, ont donné à l'une et à l'autre de ces idées une forme négative. Cependant l'absolu est très-positif, au même titre que l'infini (n° 5). La conditionalité contient une négation de réalité ; l'absolu est la négation de cette négation. Il conviendrait donc de lui restituer, au moins dans la philosophie, sa forme propre et affirmative. Or, puisque l'absolu est de soi, par soi et en soi, l'expression la plus simple serait celle de *séité* (aseitas), à moins qu'on pût former un mot dérivé de la racine αὐτός [1]. Le terme allemand est *Selbheit*.

D'où il suit que toute essence, comme expression de l'infini, est absolue en elle-même. Chaque être renferme dans son essence un principe absolu, en vertu duquel il est de soi, par soi et en soi, tout ce qu'il est ; chaque être est en soi un monde absolu qui ne relève que de lui-même, dans lequel il crée, en vertu de sa causalité, la série infinie de ses développements et de ses mutations possibles (n° 17). La nature, par exemple, est absolue en elle-même, dans son genre ; toutes ses créations et tous ses règnes, comme déterminations intérieures, sont d'elle, en elle et par elle (ex ipsa essentia et per ipsam et in ipsa) ; ils dépendent de son essence et de sa causalité propre ; ils ne sont possibles que par elle ; mais elle-même, dans son essence infinie, est absolue et nécessaire, et ne dépend que de soi. Il en est de même des créations libres de l'esprit, des productions de chaque être individuel. Le bien, conçu dans son infinité, constitue également un monde absolu, indépendant de toute condition ultérieure, par conséquent, de toute influence religieuse ou politique, de toute considération de peine ou de récompense, de plaisir ou de douleur, de temps ou de lieu. Le bien doit être accompli pour le bien même, d'une manière absolue, comme la vérité doit être cherchée pour la vérité. En un mot, tout ce qui est

[1] Les philosophes chrétiens des premiers siècles de l'Église employaient le mot αὐτεξουσιότης (αὐτος, ἐξ, οὐσια) qui ne semble pas pouvoir passer en français.

infini, sous quelque rapport, existe aussi absolument en soi et pour soi. Tout être porte en lui-même un principe créateur, un principe de spontanéité et de causalité propre.

19. Combinons maintenant l'infini avec l'absolu et le relatif.

L'essence est une, infinie, absolue. Tout ce qui est, est de l'essence ou une manifestation de l'essence. Or, comme l'essence a pour caractères l'unité et l'infinité, il n'y a qu'une seule et même essence, une essence infinie et absolue (n° 12). Cependant nous avons distingué dans l'unité un principe de multiplicité, dans l'identité un principe de différentiation, et généralement dans l'infini un principe de finité et de détermination, par l'application de l'idée de la raison (n° 7). L'essence une, infinie, absolue doit donc aussi posséder des déterminations multiples, finies et relatives : ce sont ces déterminations contenues dans l'unité absolue de l'essence, dont elles relèvent et qu'elles manifestent à des degrés divers, que nous appelons des *infinis relatifs*.

En effet, considérée en elle-même, chacune de ces déterminations est une, simple, positive, par conséquent, infinie ; elle est une affirmation ou une manifestation particulière de l'essence une et absolue; elle en possède tous les caractères (n° 4). Mais, considérée comme particulière, elle n'est pas ce que sont toutes les autres déterminations de la même essence ; elle contient donc un défaut de réalité, elle est finie par rapport à ces autres déterminations qui co-existent avec elle. Chacune est donc infinie en elle-même, et finie par rapport à toutes les autres : non pas infinie d'une manière absolue, c'est-à-dire sans aucune considération de rapport avec d'autres essences, mais seulement d'une manière relative ; non pas toute réalité, mais une réalité déterminée, un infini fini par rapport à d'autres infinis.

Ce principe est d'une application universelle. Ainsi, le temps et l'espace sont également infinis (n° 14, 58). Cependant l'infinité de l'un n'est pas celle de l'autre; ce sont deux formes distinctes et indépendantes de l'existence. Considéré en soi, dans son genre propre, chacun est infini et absolu par rapport à tout ce qui est en lui ; mais considérés dans leurs rapports mutuels, ils se limitent réciproquement : l'un n'est pas l'autre ; il manque à l'espace la réalité du temps, et au temps la réalité de l'espace ; l'un est en dehors de l'autre ; ils sont donc finis tous deux, et par cela même ils supposent un infini plus infini, qui soit la raison de leur existence (n° 7). Voilà donc deux infinis relatifs, dont chacun est complétement déterminé par rapport à tous les autres genres d'infinis.

Il existe aussi des degrés dans l'infini. Il y a des infinis qui sont supérieurs les uns aux autres. Celui qui est contenu dans un autre est moindre que celui qui le contient. Ainsi, chaque être humain, quoique infini dans son essence, quoique possédant, à son point de vue individuel, toute l'essence de son genre, exprime cependant une infinité subordonnée à celle de l'humanité même ; car l'humanité contient en soi toutes les déterminations de son essence réalisées par les individus. De même, l'humanité, infinie dans son genre, est encore déterminée par le monde physique et le monde spirituel, qui la contiennent en eux-mêmes sous le double aspect de l'esprit et du corps. Elle est une détermination intérieure et particulière de l'univers, et se trouve limitée, comme telle, par toutes les autres déterminations qui co-existent avec elle dans le monde, notamment par le règne végétal et le règne animal. Le monde physique et le monde spirituel eux-mêmes, conçus dans leur opposition, sont encore déterminés et limités l'un par l'autre, par conséquent, en dehors l'un de l'autre. Ils sont aussi des infinis relatifs, mais supérieurs à l'infinité relative de l'humanité. Enfin le monde entier, l'univers, conçu dans son unité qui comprend à la fois les esprits et les corps, n'est encore infini que d'une manière relative, puisqu'il se présente partout sous la forme de réalités particulières et finies, vivant dans le temps et dans l'espace. Or, tout ce qui est fini, sous quelque rapport que ce soit, par conséquent aussi, tout infini relatif, suppose encore une raison supérieure (n° 7). La raison dernière de tous les infinis relatifs est *l'infini absolu* qui ne dépend que de soi et d'où dépend tout ce qui est. L'infini absolu est l'Être, la substance

4

ou Dieu. Il est infini d'une manière absolue, c'est-à-dire que sans être
rien de fini ou de déterminé, sans être limité à telle ou telle essence,
à tel ou tel infini, il est en lui-même tout infini, toute essence et toute
réalité, en un mot, tout le réel et le positif; il enveloppe, dans son
essence absolument infinie, tous les infinis relatifs qui sont dans le
monde, sans contenir aucune des déterminations ou des différences qui
les restreignent à des genres particuliers (ch. 6).

20. L'infini absolu possède aussi, d'une manière absolue, tous les
caractères que nous avons assignés à l'infini, qui n'existent dans les
infinis relatifs que d'une manière relative. Ici commencent à s'expliquer
la similitude et la différence des choses, par la distinction des ordres
de l'infini. En effet, tout ce qui est, en tant qu'il est, est infini,
puisqu'aucune chose n'est absolument finie (n° 3). Or, en tant qu'infini,
tout être a nécessairement les attributs de l'infini : l'unité, la simplicité,
l'immutabilité, la perfection, l'éternité. Mais comment est-il infini ?
C'est dans un genre déterminé, c'est d'une manière relative. C'est donc
aussi d'une manière relative qu'il a les attributs de l'infini. S'il est un
et simple, en lui-même, dans son genre, il existe en dehors de lui
d'autres choses qui sont également simples dans leur genre. S'il est au-
dessus du temps, dans son essence déterminée, il n'est pas toute éternité, et, sous un autre rapport, il est encore dans le temps; il doit se développer et se parfaire. S'il est absolu enfin, en tant qu'il est, ce n'est
que dans sa sphère propre, dans les limites de sa causalité; il doit
reconnaître, en dehors de lui, d'autres êtres qui sont absolus au même
titre.

Il n'en est pas ainsi de l'infini absolu ou de Dieu. L'Être est absolument un et simple, absolument immuable et éternel, absolument parfait et bon ; il est absolu d'une manière infinie. Ainsi Dieu est l'Être et
l'essence, ce qui est et celui qui est, d'une manière infinie et absolue,
sans qu'aucune réalité puisse lui être extérieure : il est l'unité absolue
de l'Être et de l'essence ; de sorte qu'il n'y a qu'une seule et même essence pour tous les êtres : c'est l'essence divine, *ex qua, per quam et in*

qua sunt omnia. C'est par cette unité et cette identité absolues de l'essence que toutes choses sont infinies en Dieu et par Dieu ; c'est parce qu'il n'y a qu'une seule et même essence, que toute essence, que toute détermination intérieure de l'Être, est infinie, comme nous l'avons constaté dans l'analyse. Toutes les choses, tous les êtres sont donc égaux et identiques dans leur essence, dans leur infinité relative. L'essence spirituelle et l'essence physique sont au fond une seule et même essence, manifestée par des attributs distincts (n° 82). De là la grande loi de l'*analogie universelle*, pressentie par tous les poètes, développée scientifiquement dans les systèmes philosophiques de Spinoza, de Schelling et de Krause, et proclamée aujourd'hui comme loi suprême par les socialistes de l'école de Fourier. Tout est dans tout, parce que Dieu, comme Être absolument infini, un et simple, enveloppe toute essence dans son essence. Car Dieu est encore la simplicité absolue de l'être : il ne contient pas en soi le réel et le positif des choses par voie d'addition ou de composition, mais toute essence est de lui, sans distinction et sans différence, abstraction faite de ses déterminations particulières. La nature suprême est tellement simple, dit saint Anselme, que tout ce qui peut être dit de son essence est en elle une seule et même chose, que rien ne peut lui être attribué substantiellement qui ne soit de son essence [1]. D'où il suit encore, comme le remarque le même auteur [2], que si Dieu est parfait, juste et bon, ce n'est pas, à la manière des êtres finis, par participation à une bonté et à une perfection supérieures; mais par sa nature, par son essence même, qui est la perfection, la justice et le bien absolus. Car Dieu est tout ce qu'il est, par lui-même, et non par un autre. Si donc il est bon, c'est qu'il est le bien, le bien un, infini, absolu, qui fait que toutes choses sont bonnes en elles-mêmes, et qui, dans son infinité absolue, est absolument au-dessus du mal, de l'erreur et de la haine.

Nous reprendrons plus loin la détermination de l'infini absolu et de

---

[1] *Monologium*, ch. 17. Traduction de M. Bouchitté. — Cf. Spinoza, *Éthique*, première partie, prop. 15.

[2] *Monologium*, ch. 16.

ses rapports avec les infinis relatifs. Poursuivons maintenant l'analyse des ordres de l'infini, de leur nature et de leurs rapports.

21. Tout infini relatif contient en soi deux éléments, l'un infini, l'autre fini. Ces deux éléments se trouvent aussi dans les individus, quoique combinés d'une autre manière. En effet, en tant qu'ils sont des êtres et qu'ils ont une essence, les individus participent à l'infinité ; ils sont finis, en tant qu'ils renferment une privation de réalité. Mais dans les individus prédomine l'élément du fini, en sorte qu'on peut les appeler des êtres complétement déterminés, ou infiniment finis, tandis que l'élément infini prédomine dans les infinis relatifs. Les genres et les espèces sont, par exemple, des infinis relatifs, par rapport aux individus. Mais cette distinction, purement relative, ne concerne que le point de vue principal que l'on considère, soit dans les individus, soit dans les genres.

Ces deux éléments sont nécessairement contenus dans tout infini relatif ; mais ils ne sont pas les seuls qui s'y rencontrent, car toutes choses ne sont pas semblables. Si, en vertu de l'analogie universelle, toutes les essences simples se combinent avec toutes les autres, de sorte que toutes sont dans chacune et chacune dans toutes, elles n'y sont pas de la même manière, parce qu'il existe aussi un principe de distinction ou de différentiation dans l'essence une et absolue, en tant qu'elle se détermine intérieurement. Or, c'est ce principe de distinction qui fait la différence des êtres et des choses, différence qui ne réside pas dans l'essence même, puisqu'elle est identique et commune, mais dans les combinaisons diverses de ses attributs ou de ses caractères. Tel genre d'êtres, par exemple, représente particulièrement le caractère de la nécessité et de l'enchaînement ; tel autre, le caractère de la liberté et de la spontanéité. Dans les combinaisons particulières, chaque espèce de réalité est caractérisée par un attribut principal qui constitue sa nature propre et repousse tous les autres sur le second plan. Une simple combinaison de caractères change complétement la perspective des choses, détermine leurs différences et leur valeur relative dans l'ordre de la création (n° 45, 48).

22. Nous distinguerons les infinis relatifs en *ordres* ou puissances, et en *genres* ou espèces, c'est-à-dire sous le rapport de la *quantité* et de la *qualité*. Le temps, l'espace, l'humanité, par exemple, sont des genres ou des espèces diverses d'infinis, déterminées par la qualité; ces infinis ne se mesurent qu'idéellement, d'après la valeur ou la perfection de leurs attributs, ou des idées qui les représentent (ch. III). Au contraire, les divers infinis compris dans un même genre, dans l'espace, par exemple, et les ordres de l'infini mathématique, les infiniment petits et les infiniment grands, peuvent se mesurer et se calculer d'après les règles propres à l'analyse infinitésimale (ch. II).

CHAPITRE II.

DE L'INFINI QUANTITATIF

APPLICATION DE L'INFINI AUX MATHÉMATIQUES.

—

Sommaire.

23. En démontrant l'existence de divers ordres d'infinis, nous avons, par cela même, posé la base du calcul infinitésimal. C'est parce qu'il existe une diversité d'infinis, qui tous renferment un principe de limitation réciproque et de mesure (n° 21), qu'on peut les soumettre au calcul. La comparaison n'est possible que par le nombre. Si l'on n'admet qu'un seul infini, l'infini absolu, le calcul des infinis devient une absurde prétention de l'esprit humain. — Cependant, cette nécessité logique n'est pas encore bien comprise par un grand nombre de mathématiciens. Les uns établissent une fausse distinction entre l'infini métaphysique, où ils ne conçoivent aucun degré, et l'infini géométrique, qui comprend divers ordres. Les autres déclarent que l'infini, dans l'algorithmie, ne doit pas être pris dans son acception rigoureuse ; que le calcul infinitésimal n'est qu'une méthode d'approximation, utile mais non infaillible dans ses résultats, et bien inférieure à la méthode des anciens. D'autres encore, venus à la suite de la philosophie matérialiste du xviii° siècle, en France, tendent à éliminer l'infini, à lui substituer la notion des limites et le calcul des fonctions. Enfin les opinions les plus contradictoires ont été émises sur la nature des infiniment petits, et sur l'espèce d'existence qu'il faut leur accorder.

Nous chercherons à démêler le vrai et le faux dans ces divers systèmes, en nous renfermant strictement dans nos principes. Mais avant d'aborder la discussion, nous entrerons dans quelques considérations sur l'histoire de l'infini, dans son application aux mathématiques [1].

24. Le premier, dans l'antiquité, qui ait réellement sondé les profondeurs de l'infini, c'est Archimède. Ce grand génie a trouvé le rapport approché de la circonférence au diamètre, en épuisant successivement l'espace compris entre les polygones inscrits et circonscrits au cercle. Ce procédé, corroboré par la réduction à l'absurde, a été appelé *méthode d'exhaustion.* Il est regardé comme infaillible [2].

En dernier lieu, les anciens sont venus à connaître l'hyperbole et ses asymptotes, c'est-à-dire, des lignes qui, prolongées à l'infini, et se rapprochant toujours, ne peuvent jamais se rencontrer, et de plus forment des espaces actuellement infinis. Voilà l'infini plus déclaré à mesure que la géométrie avançait davantage, et le voilà accompagné de nouvelles merveilles.

On en demeura là, ou plutôt on en vint à oublier, à ignorer tout, pendant la longue barbarie qui régna en Europe. Au renouvellement des sciences, on étudia les géomètres grecs. On admit l'infini sur la foi des

[1] Nous prendrons principalement pour guide Fontenelle, dans sa préface aux *Éléments de la géométrie de l'infini.*
[2] Carnot, *Réflexions sur la métaphysique du calcul infinitésimal*, ch. 3, n° 107 — 113.

maîtres; mais on l'admettait, en quelque manière, par force, parce qu'on y était conduit par des guides révérés, aussi bien que par la suite nécessaire des démonstrations; et quand on y était arrivé, on s'arrêtait avec une espèce d'effroi, de sainte horreur.

Dans les temps modernes, Képler, le premier, poursuivit l'idée d'Archimède. Dans sa *Nova stereometria*, 1615, il considère le cercle comme composé d'une infinité de triangles, ayant leur sommet au centre et leur base à la circonférence; le cylindre, d'une infinité de prismes triangulaires de même hauteur, et ainsi des autres surfaces et solides [1]. Il cherche aussi à donner une solution au fameux problème connu sous le nom de *Roue d'Aristote* [2]. Voilà la méthode des indivisibles, dont Cavalieri et Roberval firent aussitôt un bel usage.

Cavalieri fonda tout un système géométrique sur les idées de l'infini, en concevant les plans comme formés par des sommes infinies de lignes, et les solides par des sommes infinies de plans. Les rapports de ces sommes infinies de lignes et de plans sont nécessairement les mêmes que ceux des plans et des solides : tel est le fondement de sa *Géométrie des Indivisibles*, 1635. Cavalieri voit bien que son système le jette indispensablement dans des infinis plus grands les uns que les autres, difficulté à laquelle il ne croit pas, dit-il, que les armes mêmes d'Achille puissent résister. Aussi se repose-t-il sur le fait évidemment constant, et il traite l'objection de nœud gordien, qu'il laisse à quelque Alexandre [3].

La géométrie de Cavalieri eut le sort de toutes les vérités nouvelles. De grands géomètres l'attaquèrent; de grands géomètres la défendirent. Mais enfin, c'est la première fois que l'infini ait paru dans la géométrie, en forme systématique et dominant sur une vaste théorie.

Roberval avait trouvé la même méthode, qu'il appelle la *science de l'infini*. Son traité ne fut publié qu'après sa mort, en 1693.

[1] Cf. M. Bordas-Demoulin, *Le cartésianisme*, t. II, p. 138.
[2] *Encyclopédie du XVIIIe siècle*, art. roue.
[3] Fontenelle, *Géométrie de l'infini*. Cf. Carnot, *Métaph. du calcul infinit.*, n° 113-119.

Le plus grand effet de la géométrie des indivisibles fut de tourner de ce côté les vues de Wallis, grand géomètre anglais, et de lui donner lieu de faire son *Arithmétique des infinis*, 1655. Wallis dit qu'il commence où Cavalieri avait fini ; il est certain qu'il va beaucoup plus loin, et qu'il pouvait même, ainsi qu'il en avertit, aller encore au delà. A mesure que l'audace de manier l'infini croissait, la géométrie reculait, de plus en plus, ses anciennes limites.

Toutes les spéculations de l'infini, devenant toujours plus élevées, aboutissaient à quelque chose de commun, dont peut-être on ne s'apercevait pas encore. Descartes, par sa fameuse règle des tangentes : Fermat, par celle des maxima et minima ; Pascal, par la considération des éléments des courbes ; Barrow, par son petit triangle différentiel, dont l'usage ne finira jamais ; Mercator, par son art de former des suites infinies d'une autre espèce que celles de Wallis : tous ces grands hommes, chacun en suivant sa route particulière, se trouvaient conduits, ou à l'infini, ou sur le bord de l'infini.

Mais cet infini, qu'on ne pouvait plus se dispenser de recevoir, surtout l'infiniment petit, plus nécessaire encore que son opposé, on ne savait pas l'employer dans un calcul algébrique. Et quelle apparence qu'on l'y pût jamais employer ? Aurait-on traité l'infini comme des grandeurs finies ? Sa nature même n'y opposait-elle pas un obstacle invincible ? Cependant, il fallait trouver le moyen de l'utiliser ; l'algèbre seule pouvait l'assujettir à des lois, le rendre fécond par des applications variées. Le terme était arrivé. Newton trouve le premier ce merveilleux calcul ; Leibnitz le publia le premier.

Leibnitz, dans les *Actes de Leipsick*, année 1684 et suivantes, l'appelle indifféremment « nova methodus pro maximis et minimis, analysis indivisibilium et infinitorum, scientia infiniti, calcul algebraïcus et infinitesimalis. » On lui consacra le nom de calcul différentiel ou des différences infiniment petites (differentialia) [1]. En 1687,

---

[1] Leibnitzii *opera omnia*, Genève, 1768, t. III.

Newton donna ses *Principes mathématiques de la philosophie natu-relle*, où il résout les grandes questions de la mécanique, de la géo-métrie et de l'astronomie, au moyen de l'analyse infinitésimale, ou, comme disent les Anglais, de la méthode des fluxions [1].

Cette analyse nouvelle, propre aux problèmes transcendants de l'al-gorithmie et de la géométrie, surpasse par son caractère de généralité, comme le fait remarquer le *Journal des savants*, 1692, la géométrie des indivisibles de Cavalieri et l'arithmétique des infinis de Wallis. Car, la première s'attache aux figures, où elle cherche les sommes des ordonnées ; la seconde, pour faciliter cette recherche, donne par in-duction des sommes de certains rangs de nombres ; tandis que l'ana-lyse des infinis de Leibnitz ne regarde ni les figures ni les nombres, mais les grandeurs en général. Elle donne une nouvelle façon de cal-culer les quantités incomparables, c'est-à-dire, celles qui sont infiniment grandes ou petites, en comparaison des autres [2]. Leibnitz l'appliqua particulièrement à résoudre les problèmes des tangentes et celui des maxima et minima, parmi les ordonnées des courbes, problèmes aux-quels les méthodes ordinaires ne convenaient que dans un nombre de cas assez limité.

Dès que le calcul différentiel eut paru, les frères Bernouilli, le mar-quis de L'Hospital, Varignon, tous les grands géomètres, entrèrent avec ardeur dans les routes qui venaient d'être ouvertes, et y marchèrent à pas de géant. L'infini éleva tout à une sublimité, et, en même temps, amena tout à une facilité, dont on n'eût pas osé concevoir l'espérance. C'est l'époque d'une révolution totale arrivée dans les hautes mathé-matiques [3].

25. La philosophie ne demeura pas étrangère à ce mouvement. L'idée de l'infini venait d'être replacée avec éclat dans le domaine de la spéculation métaphysique, par Descartes. L'illustre auteur du *Dis-*

---

[1] Cf. Bossut, *Discours préliminaire* à l'Encyclopédie méthodique contenant tous les articles de mathématiques de l'Encyclopédie.

[2] Cf. Leibnitz, *Opera*, t. III, p. 260.

[3] Fontenelle, *Géométrie de l'infini*, préface.

cours de la méthode et des *Méditations*, avait fondé sur la notion de l'infini sa preuve ontologique de l'existence de Dieu. Ses disciples allèrent plus loin en distinguant les ordres de l'infini.

Spinoza fait d'abord la distinction entre l'infini absolu et l'infini relatif, qu'il appelle infini en son genre. Il fonde là-dessus la définition fondamentale qui sert de base à tout son édifice philosophique. « J'entends par Dieu, dit-il, un être absolument infini, c'est-à-dire, une substance constituée par une infinité d'attributs dont chacun exprime une essence éternelle et infinie. Je dis *absolument infini*, et non pas *infini en son genre*; car, toute chose qui est infinie seulement en son genre, on en peut nier une infinité d'attributs ; mais, quant à l'être absolument infini, tout ce qui exprime une essence et n'enveloppe aucune négation, appartient à son essence [1]. » Nous ferons seulement remarquer que Dieu, comme être absolument infini, n'est pas nécessairement constitué par une infinité d'attributs ; il suffit que ses attributs, adéquates à son essence, soient absolument infinis (n°s 44, 46). Spinoza lui-même ne développe que deux attributs fondamentaux de Dieu, la pensée et l'étendue, indiqués par Descartes comme constituant les attributs des deux ordres de substances créées. L'auteur démontre ensuite, que la substance absolument infinie est indivisible ; qu'on ne peut concevoir aucune autre substance que Dieu ; que tout ce qui est, est en Dieu, et que de la nécessité de la nature divine doivent découler une infinité de choses infiniment modifiées. Ce qu'il appelle modes de Dieu, au point de vue panthéistique, sont les individus. Spinoza ne pouvait pas reconnaître des individus, c'est-à-dire, des êtres doués d'une causalité propre, parce qu'il s'est contenté de distinguer l'infini relatif de l'infini absolu, sans distinguer ensuite les divers ordres d'infinis relatifs. Or, c'est à ce dernier point, comme nous le verrons, que se rapporte la déduction métaphysique de l'individualité (n° 68).

Cette lacune importante fut comblée par Malebranche. Dans le pre-

---

[1] *Éthique*, 1re partie, définition 6, prop. 9.
[2] *Ibid.* prop. 13, 14, 15, 16.

mier livre, chap. 6 et 7, de la *Recherche de la vérité*, il montre l'infini dans l'étendue, par l'impossibilité d'arriver à un dernier terme
dans la division de l'espace et du temps. Dans le premier de ses *Entretiens sur la métaphysique*, il applique l'infini au calcul. Tous les géomètres conviennent, dit-il, qu'il n'y a point de fraction qui, multipliée
par elle-même, donne 8 pour produit, quoiqu'en augmentant les
termes de la fraction, on puisse approcher à l'infini de ce nombre.
Tous conviennent que l'hyperbole et ses asymptotes, et plusieurs autres
lignes semblables continuées à l'infini, s'approcheront toujours sans
jamais se joindre. Dans le second entretien, il démontre l'existence de
Dieu, par l'idée de l'être infini. « L'étendue intelligible infinie, dit-il,
n'est l'archétype que d'une infinité de mondes possibles semblables au
nôtre. Je ne vois par elle que tels et tels êtres, que des êtres matériels.
Quand je pense à cette étendue, je ne vois la substance divine qu'en
tant qu'elle est représentative des corps et participable par eux. Mais
prenez garde : quand je pense à l'être, et non à tels et tels êtres ;
quand je pense à l'infini, et non à tel ou tel infini, il est certain que
je ne vois point une si vaste réalité dans les modifications de mon
esprit ; car si je ne puis trouver en elles assez de réalité pour me
représenter l'infini en étendue, à plus forte raison n'y en trouverai-je
point assez pour me représenter l'*infini en toutes manières*. Ainsi ,
il n'y a que Dieu, que l'infini, que l'être indéterminé, ou que l'*infini
infiniment infini*, qui puisse contenir la réalité infiniment infinie que
je vois quand je pense à l'Être, et non à tels ou tels êtres, ou à tels et
tels infinis. »

Mais c'est surtout dans la quatrième des *Méditations chrétiennes*,
que Malebranche examine les rapports des infinis relatifs entre eux.
« Tu dois savoir (c'est le verbe qui parle) qu'il y a les mêmes rapports
entre les infinis qu'entre les finis, et que tous les infinis ne sont pas
égaux. Il y a des infinis doubles, triples, centuples les uns des autres ;
et quoique le plus petit des infinis soit infiniment plus grand qu'aucune grandeur finie, quelque grande qu'on la veuille imaginer, et

qu'ainsi entre le fini et l'infini il ne puisse y avoir de rapport fini et que l'esprit humain puisse comprendre, néanmoins tu peux mesurer exactement les rapports de grandeur que les infinis ont entre eux ; de même que tu peux souvent découvrir les rapports qui sont entre les nombres incommensurables, sans pouvoir jamais déterminer les rapports que ces nombres ont avec l'unité, ni avec aucune partie de l'unité. Lorsque Dieu conçoit une infinité de dixaines et une infinité d'unités, il conçoit un infini dix fois plus grand qu'un autre. Dieu conçoit sans doute que deux corps se peuvent mouvoir durant toute l'éternité ; il sait à présent toutes les lignes que décriront les corps qu'il a créés, et que tu peux penser devoir être en mouvement des siècles infinis. Si tu supposes donc qu'un de ces corps se meuve une, deux ou trois fois plus vite que quelque autre, la ligne de son mouvement sera une, deux ou trois fois plus grande que celle que cet autre corps décrira. Ainsi tu vois clairement que les infinis peuvent avoir entre eux des rapports finis ; ils peuvent même avoir entre eux des rapports infinis, car l'esprit se représente des infinis infiniment plus grands les uns que les autres. Mais il n'est pas nécessaire que je m'arrête à te le faire comprendre. »

Tous ces principes sont incontestables. Nous aurons l'occasion d'y revenir et de les expliquer. Cependant ils ne furent pas généralement admis dans la philosophie. Par suite du discrédit où était tombé le spinozisme, on perdit de vue la distinction capitale de l'infini absolu et des infinis relatifs, et l'on nia les ordres de l'infini dans la métaphysique. Quand le sensualisme et le matérialisme furent définitivement intronisés en France, on chercha même à nier l'infini, en le résolvant dans la notion négative de l'indéfini. Mais les mathématiques, abandonnées à elles-mêmes, continuaient quelque temps encore leur mouvement progressif. On conserva dans leur sein les ordres de l'infini qu'on avait rejetés de la philosophie ; on établit alors la fameuse distinction de l'infini méthaphysique et de l'infini géométrique. C'était une première inconséquence qu'il fallait réparer par une faute nouvelle. On a beau vouloir séparer la philosophie des sciences exactes; elle y maintient son empire, et ses aberrations, comme ses progrès, finissent toujours par prévaloir. Après avoir éliminé l'infini de la philosophie, on voulut aussi le faire disparaître des mathématiques, et ramener le calcul transcendant aux règles ordinaires de l'arithmétique et de l'algèbre.

Nous décrirons rapidement ces diverses phases de l'histoire de l'infini, au XVIIe et au XVIIIe siècle.

Fénelon, le premier, dans le domaine philosophique, nia l'existence des ordres de l'infini. « L'être par lui-même, dit-il, ne peut être qu'un; il est l'être sans rien ajouter. S'il était deux, ce serait un ajouté à un, et chacun des deux ne serait plus l'être sans rien ajouter ; chacun des deux serait borné et restreint par l'autre. Les deux ensemble feraient la totalité de l'être par soi, et cette totalité serait une composition. Qui dit composition, dit parties et bornes, parce que l'une n'est point l'autre. Qui dit composition de parties, dit nombre, et exclut l'infini ; l'infini ne peut être qu'un. L'être suprême doit être la suprême unité, puisque être et unité sont synonymes. Nombre et bornes sont synonymes pareillement.

« L'idée véritable de l'infini exclut tout nombre d'infinis, et l'infinité même d'infinis. Qui dit infinité d'infinis ne fait qu'imaginer une multitude confuse d'êtres indéfinis, c'est-à-dire sans bornes précises, mais néanmoins véritablement bornés. Dire une infinité d'infinis, c'est un pléonasme et une vaine et puérile répétition du même terme, sans pouvoir rien ajouter à la force de sa simplicité; c'est comme si on parlait de l'anéantissement du néant. Le néant anéanti est ridicule, et il n'est pas plus néant que le néant simple. De même l'infinité des infinis n'est que le simple infini, unique et indivisible. Qui dit simplement infini, dit un être auquel on ne peut rien ajouter, et qui épuise tout être. Si on pouvait y ajouter, ce qui pourrait être ajouté, étant distingué de cet infini, ne serait point lui, et serait quelque chose qui en serait la borne. Donc l'infini auquel on pourrait ajouter ne serait pas vrai infini. L'infini étant l'être auquel on ne peut rien ajouter, une infinité d'infinis ne serait pas plus que l'infini simple. Ils sont donc clairement impossibles ; car les nombres ne sont que des répétitions de l'unité, et toute répétition est une addition. Puisqu'on ne peut ajouter à l'infini, il est évident qu'il est impossible de le répéter. Le tout est plus que les parties ; les infinis simples, dans cette supposition, seraient les parties ; l'infinité d'infinis serait le tout et le tout ne serait point plus que chaque partie. Donc il est absurde et extravagant de vouloir imaginer ni une infinité d'infinis, ni même aucun nombre d'infinis [1]. »

Voilà l'objection fondamentale de Fénelon ; toutes les autres s'y ramènent. Elle repose, comme je l'ai dit, sur la confusion de l'infini absolu avec l'infini relatif. Il est très-vrai qu'il n'y a qu'un seul infini absolu, un seul être qui est tout être et toute essence, et qui, par sa nature même, est simple et indivisible, au-dessus de toute composition, même d'éléments infinis. Il est très-vrai encore que tout infini, comme tel, n'a point de parties, qu'on n'y peut rien ajouter ni rien retrancher. Mais cette vérité n'est pas un obstacle à l'existence de divers ordres d'infinis relatifs. Ceci est une question de fait ; et si Fénelon avait procédé avec méthode dans la recherche de l'infini, il n'aurait pu le nier.

Il est incontestable que l'espace est infini, que le temps est infini, par ses rapports avec l'éternité, que l'humanité, que tous les genres et même tous les êtres individuels, sont infinis par leurs rapports avec l'être un, infini et absolu. Or, l'infini du temps n'est pas l'infini de l'humanité, ni l'infini de l'espace. Donc tous ces infinis, bien qu'ils soient simples et indivisibles en eux-mêmes, ne sont pas encore l'infini suprême et absolu, par cela seul que l'un n'est point l'autre. Ce sont donc des infinis relatifs, des infinis qui se limitent réciproquement, c'est-à-dire, qui contiennent à la fois un élément infini, une essence propre, et un élément fini par la négation de toute autre essence. L'existence de divers genres d'infinis relatifs est donc un fait indubitable, pour quiconque s'est bien pénétré de la nature de l'infini.

[1] *Traité de l'existence de Dieu*, seconde partie, ch. 5, art. 1.

L'argumentation de Fénelon n'est au fond qu'une critique de mots : elle consiste à ne pas reconnaître le vrai infini, c'est-à-dire l'infini absolu, dans ce que nous appelons des infinis relatifs. « Il faut comprendre, dit-il un peu plus loin, qu'il ne peut jamais y avoir dans la nature plusieurs infinis en divers genres. Les genres ne sont que des restrictions de l'être ; toutes les diversités d'êtres ne peuvent consister que dans les divers degrés ou bornes d'être, suivant lesquelles l'être est distribué ; mais enfin il n'y a en toutes choses que de l'être, et les différences ne sont que de pures bornes ou négations. Il n'y a rien de réel et de positif que l'être ; car tout ce qui n'est pas l'être n'est rien ; les natures ne sont point différentes les unes des autres par l'être ; car c'est au contraire par l'être qu'elles sont communes ; elles ne sont donc différentes que par leur degré d'être ; ou leur borne qui est une négation. » Ce passage remarquable est la confirmation complète de toute notre théorie de l'infini. En effet, pour Fénelon, comme pour nous, être et infini sont des termes corrélatifs. Nous avons défini l'infini par l'essence ; Fénelon le définit par l'être. Lors donc qu'il nous dit qu'il n'y a en toutes choses que de l'être, c'est absolument comme s'il disait que toutes choses sont constituées par un principe infini, en tant qu'elles participent à l'être ; et lorsqu'il ajoute que les différences ne sont que de pures bornes ou négations, il reconnaît manifestement l'élément fini. Donc tous les genres d'êtres sont à la fois infinis, dans leur être ou leur essence, et finis, dans leurs différences, qui sont une négation de toute réalité ultérieure. Voilà les infinis relatifs. Nous sommes donc parfaitement d'accord avec Fénelon. Seulement nous appelons infini tout ce qui est infini, sous quelque rapport que ce soit, tandis qu'il réserve ce nom à l'infini absolu. « Qui dit infini, poursuit-il, dit tous les degrés d'être réunis dans une suprême indivisibilité, et un être qui épuise tous les genres sans se renfermer en aucun. »

26. Revenons aux mathématiques.

La révolution opérée par Leibnitz et Newton se poursuivait heureusement, non sans quelque trouble. L'infini triomphait et s'emparait de toutes les hautes spéculations des géomètres.

Il faut convenir cependant, dit Fontenelle, que toute cette matière est environnée de ténèbres assez épaisses. De là vient que quelques-uns de ceux qui embrassent les idées de l'infini, ne les prennent pourtant que pour des idées de pure supposition, sans réalité, dont on ne se sert que pour arriver à des solutions difficiles, qu'on abandonne dès qu'on y est arrivé, et qui ressemblent à des échafaudages qu'on abat aussitôt que l'édifice est construit.

Fontenelle veut dissiper cette frayeur qu'on a de l'infini comme d'une réalité. Il fait remarquer « que tous les géomètres anciens et modernes conviennent que l'espace asymptotique de l'hyperbole est infini. Or, si l'on conçoit cet espace divisé en parties finies égales, chacune pourra être prise pour l'unité; il y en aura un nombre infini, et leur nombre sera égal à cet infini, qui est l'espace. Une somme quelconque de nombres quelconques ne peut être qu'un nombre : l'infini est donc nombre, et doit être traité comme tel; ce qui prouve encore sa réalité, puisqu'il a celle des nombres. — Le parallélogramme circonscrit à l'espace asymptotique hyperbolique, c'est-à-dire le parallélogramme dont un des côtés sera la première et la plus grande ordonnée de l'hyperbole, et l'autre l'asymptote ou axe infini, sera visiblement plus grand, et beaucoup plus grand, que l'espace asymptotique. Voilà donc un infini plus grand qu'un autre, et cet infini je le puis doubler, tripler, etc., en concevant la première ordonnée de l'hyperbole deux fois, trois fois, etc., plus grande : les infinis peuvent donc avoir entre eux les rapports des nombres. — Si enfin je conçois que la première ordonnée de l'hyperbole soit devenue égale à l'asymptote, le parallélogramme circonscrit est un carré infiniment plus grand que l'espace asymptotique infini, ce qui fait voir et la nécessité et la réalité des divers ordres d'infinis; car dès qu'on en tient deux, on voit assez qu'il n'y a plus de bornes.

» Ces différents ordres, dont l'ordre du fini est le premier et le plus bas, sont véritablement incomparables, c'est-à-dire qu'une grandeur de l'un n'est rien par rapport à une grandeur de l'ordre supérieur.

5.

» Ce raisonnement a beau être rigoureux, il semble toujours renfermer une contradiction. L'infini moindre est nécessairement limité par rapport au plus grand ; et dès qu'il est limité, il n'est plus infini ; mais il faut prendre garde que cette contradiction apparente vient de l'idée d'un autre infini que celui qu'on a pensé.

» Nous avons naturellement une certaine idée de l'infini, comme d'une grandeur sans bornes en tous sens, qui comprend tout, hors de laquelle il n'y a rien. On l'appelle *infini métaphysique;* mais l'*infini géométrique* est fort différent : c'est seulement une grandeur plus grande que toute grandeur finie, mais non plus grande que toute grandeur. Il est visible que cette définition permet qu'il y ait des infinis plus petits ou plus grands que d'autres infinis, et que celle de l'infini métaphysique ne le permettrait pas. On n'est donc pas en droit de tirer de l'infini métaphysique des objections contre l'infini géométrique, qui n'est comptable que de ce qu'il renferme dans son idée et nullement de ce qui n'appartient qu'à l'autre.

» Je puis dire encore plus : l'infini métaphysique ne peut s'appliquer ni aux nombres, ni à l'étendue, il y devient un pur être de raison, dont la fausse idée ne sert qu'à nous troubler et à nous égarer [1]. »

Cette conclusion est au moins étrange. Il semble qu'après avoir conçu les ordres de l'infini géométrique d'une manière aussi précise que l'a fait Fontenelle, il n'y ait pas plus de difficulté à concevoir l'infini métaphysique. Il semble encore qu'après avoir défini l'infini métaphysique une grandeur sans bornes en tous sens, qui comprend tout, hors de laquelle il n'y a rien, il doive s'appliquer au nombre et à l'étendue comme à toute réalité, quelle qu'elle soit. C'est ainsi que l'avaient conçu Malebranche, Spinoza et Fénelon. Mais ne nous arrêtons pas à ces contradictions. Expliquons-nous d'abord sur la distinction de l'infini métaphysique et de l'infini géométrique.

Par l'ordre métaphysique des choses, on entend l'ordre des essences

[1] *Éléments de la géométrie de l'infini*, 1727, préface.

et des êtres; par l'ordre géométrique ou mathématique, l'ordre des grandeurs et des mesures dont s'occupent l'algorithmie et la géométrie. On doit distinguer ces deux ordres, puisqu'ils sont l'objet de sciences spéciales; on ne peut pas les séparer. Ce qui s'applique à l'un s'applique à l'autre; car l'un et l'autre sont fondés sur l'infini, et les infinis, dans tous les ordres possibles, sont revêtus des mêmes caractères. Il existe entre les ordres des essences ou des êtres, qui sont infinis dans leur genre, les mêmes rapports de subordination et de coordination qu'entre les infinis des mathématiques (chap. III). Tout ce qu'on peut dire, pour les distinguer, c'est que la métaphysique s'occupe spécialement du fond ou de l'essence des choses, tandis que les mathématiques s'occupent spécialement de leur forme, notamment dans le temps et dans l'espace [1], et qu'ainsi les ordres d'infinis mathématiques sont les formules générales des ordres des essences ou des êtres. Mais cette distinction elle-même n'est pas absolue; car la forme est aussi une essence ou une réalité, et, à cet égard, les mathématiques doivent être traitées comme une branche spéciale de la philosophie.

L'infini métaphysique est le genre; les infinis algébriques, géométriques, mécaniques, physiques, physiologiques sont les espèces.

Mais ce n'est pas ainsi que l'entendait Fontenelle. La distinction fondamentale de Spinoza et de Malebranche, entre l'infini absolu et l'infini relatif, n'avait point prévalu; cette faute devait jeter la plus déplorable confusion dans les termes et dans les idées. En effet, si la philosophie ne reconnaît qu'un seul infini, comment peut-il en exister plusieurs dans la géométrie et dans le calcul? Ces sciences n'avaient donc plus de base philosophique.

Fontenelle définit l'infini métaphysique comme étant l'infini absolu. Alors, il a raison de dire qu'on n'est pas en droit de tirer de cet infini des objections contre les ordres de l'infini géométrique. Car l'infini absolu, comme tel, est absolument au-dessus de tous les ordres et de

[1] Cf. *Introduction à la philosophie des mathématiques*, par Wronski, 1811, p. 1 et s.

tous les genres; il est seul de son espèce, et renferme tout ce qui est réel et positif, sans rien contenir de fini. Mais cette objection, dont il s'épouvante et qu'il ne parvient pas à résoudre, n'en est pas une, et résulte de la définition même. L'infini géométrique et tous les ordres subordonnés qu'il embrasse, ne sont toujours que des infinis relatifs. Or, l'infini relatif est un infini limité *par rapport* à d'autres infinis, c'est-à-dire, un infini qui contient une privation ou une négation de toute réalité ultérieure, par conséquent, un élément fini. Ce n'est, comme nous l'avons dit, que par la combinaison de ces deux éléments, du fini et de l'infini, ou par la présence du fini dans l'infini, que les infinis relatifs peuvent être soumis au calcul. Aussi allons-nous voir d'Alembert et ses successeurs contester la valeur philosophique du calcul infinitésimal, par cette considération qu'il n'existe qu'un seul infini, et que, dès lors, il n'y a dans l'infini aucun principe de limitation en vertu duquel on puisse le mesurer.

« Je ne saurais concevoir, dit d'Alembert, qu'un seul infini, c'est-à-dire que l'Être infiniment parfait ou infini en tout genre. Tout infini qui ne serait infini qu'en un genre, ne serait point un infini véritable. Quiconque dit un genre ou une espèce, dit manifestement une borne, et l'exclusion de toute réalité ultérieure, ce qui établit un être fini ou borné. C'est n'avoir point assez simplement consulté l'idée de l'infini, que de l'avoir renfermé dans les bornes d'un genre. Il est visible qu'il ne peut se trouver que dans l'universalité de l'être, qui est l'être infiniment parfait en tout genre et infiniment simple.

» Si l'on pouvait concevoir des infinis bornés à des genres particuliers, il serait vrai de dire que l'être infiniment parfait en tout genre serait infiniment plus grand que ces infinis-là ; car outre qu'il égalerait chacun d'eux dans son genre, et qu'il surpasserait chacun d'eux en les égalant tous ensemble, de plus il aurait une simplicité suprême qui le rendrait infiniment plus parfait que toute cette collection de prétendus infinis [1]... »

[1] *Encyclopédie*, art. infini.

On voit que l'argumentation de d'Alembert, comme celle de Fénelon, repose toujours sur la confusion des infinis relatifs et de l'infini absolu. Son raisonnement est parfaitement juste dans l'hypothèse de l'existence des infinis relatifs, hypothèse qu'il repousse, malgré l'évidence des faits, parce que, dit-il, ces infinis ne sont pas le vrai infini, c'est-à-dire, l'infini absolu. A ce compte, il faut nier l'infinité du temps et de l'espace ; il faut rejeter l'infini du monde, et le concentrer tout entier en Dieu, isolé du monde. Mais une erreur en entraîne d'autres. S'il n'y a plus d'infini dans le monde ni, par conséquent, en nous, comment pouvons-nous concevoir l'infini ? Descartes avait dit avec raison que les idées sont dans l'esprit humain la marque de Dieu sur son ouvrage, parce qu'en effet, nous ne pouvons concevoir l'infini et l'absolu que sous la condition d'entrer en participation avec quelque chose d'absolu et d'infini. Si donc nous ne soutenons aucun rapport avec l'infini, il est clair que nous ne pouvons plus avoir l'idée de l'infini. L'infini s'écroule de toutes parts comme une vaine apparence, comme une illusion de nos sens. Il se transforme dans la notion négative de l'indéfini. Et par un retour nécessaire, si nous rapportons cette idée à Dieu, nous lui attribuons un caractère négatif, et Dieu nous apparaît bientôt comme une suprême négation. Dieu n'existe pas ! Telle est la conclusion dernière de toute philosophie qui rejette l'infini du monde. D'Alembert préluda franchement à ce résultat. Le sensualisme de Condillac et d'Helvétius, et le matérialisme de La Mettrie et d'Holbach, firent le reste.

Nous ne poursuivrons pas le développement de l'infini dans cette dernière phase, qui n'offre aucun intérêt et qui est suffisamment connue. Nous nous contenterons de compléter la citation de d'Alembert, à l'appui de ce que nous avançons.

Fontenelle paraît avoir cru, dit-il, que le calcul différentiel supposait nécessairement des quantités infiniment grandes actuelles, et des quantités infiniment petites. Cette proposition est le fondement de son ouvrage. Maclaurin l'a attaquée. La réponse à l'argument de Fontenelle est que toute grandeur qui est susceptible d'augmentation sans fin demeure toujours finie, mais peut être augmentée jusqu'à surpasser telle grandeur finie que l'on veut.

« La quantité infinie est proprement celle qui est plus grande que toute grandeur assignable ; et comme il n'existe pas de telle grandeur dans la nature, il s'ensuit que la quantité infinie n'est proprement que dans notre esprit, et n'existe dans notre esprit que par une espèce d'abstraction, dans laquelle nous écartons l'idée de borne. L'idée que nous avons de l'infini est donc absolument *négative*, et provient de l'idée du fini, et le mot même d'infini le prouve. Il y a cette différence entre infini et indéfini, que dans l'idée d'infini on fait abstraction de toutes bornes, et que dans celle d'indéfini on fait abstraction de telle ou telle borne en particulier. »

27. Établissons maintenant les principes philosophiques du calcul infinitésimal. De longues discussions se sont élevées sur l'existence, la nature et les ordres des infiniment petits. Facilement admis, dans le premier moment de leur découverte, à cause de leurs résultats plutôt que de leur évidence, ils tombèrent, bientôt après, dans le discrédit, parce qu'on avait négligé de les définir d'une manière rigoureuse et de les asseoir sur leurs vrais principes philosophiques. Une sorte de scepticisme a plané depuis, non-seulement sur la métaphysique du calcul différentiel, mais sur ses opérations mêmes, dont on a contesté la rigueur. Plusieurs méthodes nouvelles furent proposées pour remplacer la méthode de Leibnitz. On a cherché enfin à éliminer complétement la notion de l'infiniment petit, à y substituer un calcul algébrique. Et cependant, malgré toutes ces tentatives, malgré toutes les défiances et les récriminations, la méthode infinitésimale est restée debout. Ceux-là même qui en niaient la rigueur se voyaient obligés d'y recourir. L'instinct de la vérité était pour elle. Son utilité incontestable l'a fait triompher de tous les obstacles. Aujourd'hui, les mathématiciens sont à peu près convenus d'admettre les infiniment petits, non comme des réalités, mais comme une hypothèse ingénieuse qui abrége le calcul,

qui résout les problèmes les plus difficiles des lignes courbes dans la géométrie, dans la mécanique et dans l'astronomie, et conduit à des résultats, sinon absolument rigoureux en logique, du moins d'une approximation telle qu'ils répondent à toutes les exigences. De sorte qu'il existe aujourd'hui une antinomie complète entre les lois subjectives et les lois objectives du calcul différentiel. Cette antinomie est-elle fondée en raison et doit-elle subsister? Nous ne le pensons pas, et nous allons chercher à le démontrer. Notre démonstration, en fixant les idées, nous servira de criterium pour l'histoire de l'infiniment petit.

Ne perdons pas de vue que les règles du calcul des infinis ne s'appliquent qu'à un même genre d'infinis, soit à ceux du temps ou de l'espace, soit à ceux du nombre, qui, en raison de leur caractère abstrait et universel, conviennent également à l'espace et au temps, par conséquent, à toutes les sciences mathématiques qui en dérivent. On ne peut pas mesurer, par exemple, l'infini de l'humanité avec l'infini de l'espace, comme on peut mesurer entre eux les divers ordres d'infinis relatifs compris dans ce dernier genre. Les infinis de divers genres ne sont pas appréciables entre eux par la quantité, mais seulement par la qualité.

Commençons par quelques propositions générales et préliminaires qui, sans s'appliquer directement au calcul, doivent le maintenir dans ses strictes limites.

Il n'y a point de rapport de grandeur entre un fini et un infini, quel qu'il soit, relatif ou absolu.

En d'autres termes, l'infini est incommensurable au rapport du fini, quelque grand ou petit qu'on le suppose. Le fini est nul à son égard. Cela est évident. Car si l'infini pouvait se mesurer par le fini, il le comprendrait un certain nombre de fois. Dès lors il serait la somme d'un certain nombre de mesures ou de quantités finies : il serait fini lui-même.

Cependant, on peut appliquer à l'infini l'idée de nombre et de grandeur. L'infini, envisagé dans sa forme, est aussi un nombre infini ou une quantité infinie. Si l'on demande, par exemple, la somme de tous les termes de la série suivante, continuée à l'infini,

$$1 + 2 + 3 + 4 + 5 + 6 + \ldots Z + \ldots \text{ etc.}$$

il faut admettre, avec tous les mathématiciens [1], que cette somme est infinie. A cet égard, on peut dire que l'infini, exprimé par un nombre, contient une infinité de termes ou de grandeurs finies. Cela revient à dire que l'infini est infini, avec cette conséquence que chaque infini, de quelque genre qu'il soit, renferme une infinité d'éléments finis. Mais il est clair encore que, dans cette progression arithmétique, la somme infinie des termes est incommensurable au rapport d'un terme fini quelconque ; le dernier comme le premier est toujours nul à son égard.

La même proposition reste vraie, si l'on compare les infinis relatifs à l'infini absolu. Car les infinis relatifs sont à l'infini absolu, comme le fini est à l'infini. Ainsi,

Il n'y a point de rapport de grandeur entre l'infini absolu et les divers genres d'infinis relatifs.

En d'autres termes, l'infini absolu est incommensurable au rapport du fini et des infinis relatifs, pris tous ensemble, ou chacun en particulier. Il est absolument au-dessus de tous les ordres et de toutes les puissances de l'infini ; et tous les infinis relatifs sont nuls à son égard. En effet, l'infini absolu ou l'infini en toutes manières et infiniment infini, est absolument seul, unique et indivisible. Il ne peut donc être mesuré par aucun autre terme, soit fini, soit infini. Il embrasse tous les genres, sans être renfermé en aucun ; il contient tout le réel et le positif des infinis relatifs, sans contenir les bornes qui les séparent et les limitent réciproquement. Il n'est donc pas seulement la somme infinie des infinis relatifs ; il est au-dessus de tous les infinis par sa suprême unité et son indivisibilité absolue. C'est ce qu'avaient établi déjà Malebranche, Spinoza, Fénelon et d'Alembert.

[1] Cf. Euler, *Institutiones calculi differentialis*, 1755, n° 82.

Ainsi, l'infini ne se laisse pas mesurer par le fini ; l'infini absolu ne se laisse pas mesurer par les infinis relatifs. Reste donc à mesurer les iufinis relatifs entre eux.

C'est ici que commence le calcul des infinis. Nous en établirons les règles fondamentales.

28. *Il existe des rapports de grandeur entre les infinis relatifs du même genre. Ils sont entre eux comme les grandeurs finies et peuvent être soumis à toutes les opérations ordinaires du calcul.*

En effet, si l'on trace dans un plan plusieurs parallèles à une égale distance, et qu'on les prolonge à l'infini par la pensée, il est clair que tous les espaces infinis compris entre les parallèles sont égaux entre eux ; que l'espace compris entre deux, trois, cent parallèles est double, triple, centuple du premier ; que si l'on joint ces parallèles infinies par des perpendiculaires, les surfaces de ces parallélogrammes infinis seront entre eux comme les carrés de leurs hauteurs, etc.

C'est ce que Fontenelle avait démontré par l'exemple de l'hyperbole et de ses asymptotes. Montucla en doute, mais il ne se hasarde pas à le réfuter. Il déclare que l'ouvrage de Fontenelle est spécieux par ses raisonnements, et même, ce qui est plus étrange, « par une multitude de considérations, déduites de ses principes, et dont les résultats sont d'accord avec ce qu'on prouve par d'autres méthodes. » On peut encore le lire, dit il, avec ce plaisir qu'on éprouve à la lecture d'un paradoxe ingénieusement soutenu [1].

29. *Un infini relatif quelconque d'un genre déterminé est nul ou infiniment petit, en comparaison de toute l'infinité de son genre ; et réciproquement, ce dernier infini est infiniment grand, en comparaison du premier.*

Cette proposition n'est qu'une application de celles que nous avons établies plus haut, à savoir que le fini est nul à l'égard de l'infini ; et l'infini relatif, à l'égard de l'infini absolu. En effet, chaque genre d'infini

---

[1] *Histoire des mathématiques,* partie 5, liv. 1, ch. 24.

est absolu, considéré en lui-même, vis-à-vis de l'infinité d'éléments finis qu'il renferme et qui trouvent en lui leur raison d'être. Tout infini, comme tel, est constitué par un principe absolu, en vertu duquel il est la raison de tout ce qui est en lui (n° 18.)

Pour plus de clarté, revenons à l'exemple qui précède. Puisque l'espace est infini, il est évident qu'on y peut tracer une suite indéfinie de parallèles, sans jamais l'épuiser. Les espaces compris entre ces parallèles sont commensurables entre eux ; mais aucun d'eux, quelque grand qu'on le suppose, n'est commensurable avec toute l'infinité de l'espace : il peut toujours devenir la base d'une nouvelle série d'espaces indéfiniment plus grands, sans qu'on puisse arriver à un dernier terme. Tous les espaces relativement infinis qu'on pourrait ainsi accumuler, ne donneraient jamais une mesure d'appréciation, à l'aide de laquelle on pût les comparer à l'infinité absolue de l'espace. Chacun en particulier, et tous pris ensemble, demeureraient toujours finis, par conséquent inappréciables au rapport de l'infini. Qu'on prenne donc un espace relativement infini quelconque, le plus petit ou le plus grand, il sera, dans toute la rigueur du terme, infiniment petit, en comparaison de toute l'infinité de l'espace. Et s'il entrait en ligne de compte avec cet infini supérieur, on pourrait le supprimer, sans affecter en rien l'exactitude du calcul.

Les mêmes considérations s'appliquent au temps et au nombre. Tout temps appréciable, quelque immense qu'on le suppose, est complétement nul, ou infiniment petit, en comparaison de l'infinité du temps. Le temps est également absolu, par ses rapports avec l'éternité, vis-à-vis de tous les temps déterminés qui se développent en lui. De même, tout nombre fini, quand bien même on ne pourrait l'exprimer ni le concevoir, est absolument nul, au rapport de l'infinité du nombre.

On voit que nous prenons ici le mot *infiniment petit* dans un sens relatif, puisqu'on peut le supposer *indéfiniment grand*, sans qu'il cesse d'être nul, en comparaison de l'infini. Mais cette acception est rigoureuse, bien qu'elle ne s'accorde pas avec la valeur précise que l'infiniment petit a reçue dans les mathématiques. Aussi, n'est-ce pas par ce raisonnement que nous prétendons démontrer son existence. Nous avons voulu montrer seulement, que la notion de l'infiniment petit se présente nécessairement, sous une forme ou sous une autre, dans toute spéculation philosophique un peu approfondie, comme terme de comparaison, ou plutôt pour signifier que la comparaison n'est pas possible entre le fini et l'infini.

L'infiniment petit que nous venons de reconnaître pourrait être appelé *philosophique*, en réservant le nom *d'infiniment petit mathématique* à celui dont s'occupe le calcul différentiel. Mais il serait bien entendu que c'est une simple distinction, et non pas une séparation, que nous prétendons établir entre les mathématiques et la philosophie. Les propriétés de ces deux genres d'infiniment petits sont absolument les mêmes. L'un et l'autre sont des quantités variables, indépendantes de toute grandeur finie. L'un et l'autre n'ont de valeur que par rapport à une quantité principale, et peuvent être élevés à diverses puissances.

30. L'infiniment petit mathématique se fonde également sur les rapports du fini avec l'infini. On peut le déduire philosophiquement de la présence de l'infini dans le fini, manifestée par la loi de la divisibilité à l'infini. C'est aussi, historiquement, à l'époque où cette loi fut solennellement proclamée, après les discussions soulevées par Cavalieri, que le calcul des infiniment petits fut découvert. Euler, dans ses Institutions du calcul différentiel, ch. III, est celui qui a le mieux saisi cette origine.

La loi de la divisibilité à l'infini est aujourd'hui universellement admise par les savants. Elle est conforme à la fois à l'expérience et au raisonnement. L'expérimentation, il est vrai, ne peut, par sa nature même, être poussée à l'infini ; mais, aussi loin qu'on la porte, elle vérifie la loi de la divisibilité. Tous les perfectionnements apportés aux instruments de la physique n'ont d'autre but, en étendant la sphère de nos observations, que de constater, sur une plus vaste échelle.

l'universalité des lois de la nature. Quand l'observation fait défaut, la raison vient à son aide, pour démontrer, d'une manière victorieuse et incontestable, que tout ce qui est fini, est divisible (n°s 5, 15); et comme la division ne donne jamais que des éléments finis, quoique indéfiniment plus petits, elle ne peut être arrêtée nulle part, et doit, par conséquent, se poursuivre à l'infini. D'ailleurs, il n'existe pas de fini absolu (n°5), de négation ou de néant absolu; le fini tient toujours à l'infini, qui est sa raison d'être. Or, c'est par la loi de la divisibilité à l'infini que cette condition est remplie, sous l'une de ses faces principales. On peut donc représenter la loi de la divisibilité sous la forme d'une série infinie :

$$1 + \frac{1}{2} + \frac{1}{4} + \frac{1}{8} + \cdots \frac{1}{2n} + \text{etc.}$$

On nous accordera donc que tout corps, espace, ou temps déterminé, est divisible à l'infini.

Or, que résulte-t-il de cette proposition? C'est que tout corps, espace, ou temps déterminé, contient nécessairement et actuellement un nombre infini de parties, et que ces parties, par cela seul qu'elles sont infinies en nombre, sont infiniment petites.

En effet, représentons le corps ou l'espace donné par 1, et développons-le en série. Nous aurons

$$1 = \frac{1}{2} + \frac{1}{4} + \frac{1}{8} + \frac{1}{16} + \cdots \frac{1}{2n} + \text{etc.}$$

Cette série est inépuisable; il est impossible d'arriver jamais à un dernier terme ; mais il est certain, qu'en tenant compte de tous les termes de la série, on obtient nécessairement 1 pour résultat. Car le tout est égal à la somme de ses parties. Le nombre des parties contenues dans 1 augmente, à mesure qu'on poursuit la division. Mais, puisque la division doit s'étendre à l'infini, il faut bien qu'il y ait actuellement un nombre infini de termes dans la série, si l'on veut que leur somme égale 1. Car, si ce nombre était limité, la série s'arrêterait à un terme au-delà duquel la division ne serait plus possible ; ce qui est contraire au principe.

Maintenant, dire qu'un corps, ou une grandeur quelconque, renferme un nombre infini de parties, c'est dire que ces parties sont, dans toute la rigueur de l'expression, infiniment petites, et non pas seulement indéfiniment ou incomparablement petites. En effet, si elles avaient une grandeur quelconque, aussi petite qu'on veuille la supposer, il en résulterait :

1° Qu'en ajoutant cette grandeur à elle-même un nombre déterminé de fois, on arriverait nécessairement à dépasser le volume du corps donné; par conséquent, que le tout serait moindre que la somme de ses parties ;

2° Qu'en prenant cette grandeur pour base, on pourrait diviser le corps d'une manière exacte ; par conséquent, que le corps contiendrait un nombre déterminé de parties, et ne serait plus divisible à l'infini.

Toute supposition qui tendrait à donner une grandeur assignable aux infiniment petits conduit donc à des conséquences absurdes, et doit être rejetée.

On peut les définir rigoureusement, avec tous les mathématiciens, *des quantités moindres que toute grandeur assignable, si petite qu'elle soit.* Comme telles, ils existent nécessairement et actuellement dans toute quantité finie, dans le corps, dans l'espace et dans le temps, en vertu de la loi de la divisibilité à l'infini. S'ils n'avaient pas une existence actuelle, le corps, l'espace, le nombre fini ne pourraient être constitués, et le tout ne serait jamais égal à la somme de ses parties.

Cependant, bien qu'ils soient moindres que toute grandeur assignable et qu'on puisse dès lors en supprimer un nombre déterminé devant une quantité finie, on ne peut pas prétendre, avec Euler, qu'ils soient absolument nuls en eux-mêmes, ou égaux à 0 ; ce qui se démontre : *philosophiquement*, car il est impossible de concevoir ni d'exprimer un néant absolu ; et *mathématiquement*, car une somme quelconque de 0 est toujours égale à 0, et, à cet égard, la grandeur finie qui serait composée d'une infinité de 0 n'existerait pas. Euler repousse cette conséquence ; il prétend que 0 multiplié par l'infini, ou par le signe ∞ , donne pour produit une quantité finie, « quod alienum videri posset, dit-il, nisi planissimè per legitimam consequentiam esset deductum [1]. »

Il ne faut pas perdre de vue que l'infiniment petit, comme nous l'avons déduit, est constitué par un élément infini qui s'oppose à son annullation, tout en permettant qu'il s'efface, dans ses rapports avec une quantité finie ; car nous spéculons sur des infinis relatifs. De sorte que nous pouvons ajouter à la proportion :

« Le fini est à l'infini relatif, comme l'infini relatif est à l'infini absolu, » la proportion nouvelle :

« L'infiniment petit est au fini comme le fini est à l'infini, » à laquelle on peut ramener toutes les règles du calcul infinitésimal.

Cette proportion indique que, conformément au principe posé, le fini contient une infinité d'infiniment petits, comme l'infini contient une infinité d'éléments finis ; que tout infiniment petit est nul devant une quantité finie, comme toute quantité finie est nulle devant l'infini ; enfin, que le fini est le terme moyen où viennent se joindre l'infini et l'infiniment petit, comme l'infini relatif est le terme moyen où viennent se joindre le fini et l'infini absolu [2].

31. Procédons à la vérification de ces propositions.

La démonstration de l'existence des infiniment petits est évidemment indépendante de la grandeur du corps, du temps ou de l'espace que nous avons représenté par 1. Prenez une grandeur ou une dimension double, triple, centuple, elle contiendra toujours un nombre infini de parties infiniment petites. Il y aura donc un nombre égal d'infiniment petits dans les corps a et z, dont le rapport peut varier d'une quantité quelconque. Mais il est clair que cette égalité de nombre ne peut être admise qu'au prix d'une inégalité de grandeur dans les infiniment petits. Les infiniment petits, sans cesser d'être moindres que toute grandeur assignable, ont donc une valeur numérique qui varie

---

[1] *Institutiones calculi differentialis,* n° 92.
[2] Cf. Euler, *ibid.*

dans le même rapport que les quantités finies dont ils dépendent. Il y a des infiniment petits doubles, triples, centuples, les uns des autres, comme il y a des nombres et des infinis doubles, triples, centuples, les uns des autres. En d'autres termes, les infiniment petits sont, comme disent les mathématiciens, des *quantités variables*, au rapport des grandeurs finies qui sont appelées *constantes*. C'est une de leurs plus importantes propriétés, et le signe caractéristique de l'analyse infinitésimale.

52. Puisque les infiniment petits, comme les quantités finies et infinies, sont susceptibles de varier, ils existent aussi à divers ordres ou puissances. Si dx représente la différentielle ou l'accroissement infiniment petit de x, dx^2 sera un infiniment petit du second ordre, et dx^n un infiniment petit de l'ordre n. Il en est de même des différentiations successives d'un même variable y. Si dy est une différentielle du premier ordre, sa différentielle $d.dy$ ou d^2y sera une différentielle du second ordre, et la différentielle de sa différentielle ou $d.d^2y$, c'est-à-dire d^3y sera du troisième.

Nous ne pensons pas qu'on puisse justifier ces propriétés, en égalant les infiniment petits à 0.

53. On nous dira qu'il n'y a point de milieu possible entre 0 et une quantité finie ou indéfiniment petite; que, si les infiniment petits ne sont pas égaux à 0, si de plus ils sont susceptibles d'augmentation et de diminution, ils ne peuvent être que des incomparables, indéfiniment petits peut-être, mais toujours finis.

Nous avons vu qu'on peut appliquer le mot de nombre ou de quantité à l'infini, aussi bien qu'au fini. C'est par la même raison que nous l'appliquons à l'infiniment petit. Les infiniment petits ne sont donc pas des quantités, à la manière des quantités finies, mais à la manière de l'infini. On se les représente trop souvent comme le dernier degré de la division dans les séries ou dans les corps, et c'est sans doute par cette préoccupation qu'on les rejette aussi généralement. Mais nous avons établi que la division doit se poursuivre à l'infini; que c'est en raison même de cette considération qu'il faut les admettre, non pas comme indéfiniment, mais comme infiniment petits. Nous ne prétendons pas qu'on puisse, comme tels, s'en faire une représentation bien précise ; mais nous disons qu'il faut les accepter comme une conséquence néces- saire d'un principe certain. Nous chercherons du reste à éclaircir leur notion. Or, cette conséquence admise, qu'en résulte-t-il ? c'est que les infiniment petits, comme renfermant un élément infini, ne sont point, par eux-mêmes, susceptibles d'augmentation ou de diminution. Leur valeur est toujours relative, et dépend des rapports qu'ils soutiennent entre eux. Le fini ne peut se mesurer qu'avec le fini ; l'infini avec l'in- fini ; de même l'infiniment petit ne peut se mesurer qu'avec d'autres infiniment petits. Ils sont alors entre eux comme les quantités finies dont ils dépendent. Tout infiniment petit, de quelque ordre ou gran- deur qu'il soit, est inappréciable et nul au rapport d'une quantité finie. Comme l'infini est incommensurable au rapport du fini, le fini est in- commensurable au rapport de l'infiniment petit. On peut donc soutenir, que les infiniment petits sont incomparables, mais seulement au regard de quantités finies ; car ils sont comparables entre eux. Ainsi, dans la proportion

$$a : z : : da : dz$$

si l'on suppose z mille fois plus grand que a, dz sera aussi mille fois plus grand que da ; cependant, il sera toujours infiniment petit, en comparaison de a ou de z. Cette distinction, qui est essentielle et résulte rigoureusement des principes posés, répond à toutes les objections.

Maintenant, qu'il existe ou qu'il n'existe pas de milieu entre 0 et une quantité finie, quoique indéfiniment petite, cela nous importe peu ; ce qui est certain, c'est que ce milieu ne peut être posé nulle part, et qu'il serait absurde de le chercher ; ce qui est certain encore, c'est que, si l'on transforme l'infiniment petit en quantité finie, quoique in- définiment petite, le calcul différentiel perd sa rigueur et prête le flanc à toutes les objections soulevées par les mathématiciens et les philo- sophes ; que si l'on égale l'infiniment petit à 0, l'analyse infinitési-

male se réduit au rapport de 0 à 0, et demeure ainsi frappée d'impuissance. Entre ces deux partis et celui que nous proposons, comme un
retour aux saines doctrines qui ont donné naissance au calcul des infiniment petits, il ne semble pas qu'on puisse hésiter.

On peut aussi, comme nous le verrons plus loin (nº 59), déduire
l'existence des infiniment petits de la loi de continuité. Cette démonstration se rapporte particulièrement au temps et au mouvement,
comme celle qui est fondée sur la divisibilité se rapporte plus particulièrement aux corps et à l'espace. La première appartient plutôt à la
mécanique et à l'astronomie, et se rattache à Newton ; la seconde se
rattache à Leibnitz et appartient plutôt à la géométrie.

54. Il nous reste à examiner la forme de l'existence des infiniment
petits. Existent-ils à la manière des esprits ou des corps? Ont-ils une
existence purement subjective dans notre intelligence, ou bien une
existence objective et réelle? sont-ils enfin des réalités qu'on puisse
saisir par le sens, par l'imagination ou par la raison?

Les infiniment petits sont constitués par un principe infini. Or, l'infini ne se laisse percevoir, ni par les sens externes, ni par l'imagination.
Qu'on ne cherche donc pas un infiniment petit dans la division des corps,
comme un atome perdu dans l'immensité : on ne le trouverait pas. La
moindre particule de matière en contient encore une infinité. Qu'on ne
vienne pas non plus contester son existence, par ce motif qu'on ne peut
le saisir. Car nous avons montré qu'il existe nécessairement. Seulement
il faut, comme l'infini, le concevoir par la raison et non par les sens.
L'infiniment petit a une *existence rationnelle*, comme les nombres. Les
nombres ne sont ni des esprits ni des corps, et cependant personne ne
doute de leur existence. Ils s'appliquent à la fois aux corps et aux esprits,
expriment la proportionnalité de leurs éléments constitutifs, la forme
de leur coordination et de leur subordination. Tout ce qui existe est
réglé par les lois des nombres, en ce sens, non pas que le nombre soit
toute l'essence de l'être, comme l'admettaient les Pythagoriciens, mais
qu'il n'y a rien d'arbitraire ou de fortuit dans la série de ses manifesta-

tions; que chaque chose occupe sa place marquée dans l'univers ; qu'ainsi tout organisme, spirituel ou physique, forme un tout complet et parfaitement agencé dans toutes ses parties. Cette loi de mesure et de proportionnalité, reconnue par Pythagore, par Platon, par tous les grands penseurs, a été vérifiée de la manière la plus éclatante, dans l'astronomie, par Képler. De nos jours, Fourier en a fait un principe fondamental de sa doctrine, et l'a appliquée à la distribution des travaux dans la société. Elle joue un grand rôle également dans la doctrine philosophique et sociale de Krause.

Quand nous disons donc que l'infiniment petit a une existence rationnelle, comme le nombre, nous ne prétendons pas qu'il ait une existence purement mentale, ou purement objective. Nous avons vu, au contraire, qu'il existe réellement et actuellement dans la nature : dans chaque corps, dans chaque espace, dans chaque temps déterminé ; par cela même, il se trouve aussi dans notre intelligence, en tant que nous le concevons, que nous spéculons sur sa nature et sur ses lois. L'esprit d'ailleurs est soumis, comme le corps, à la loi du temps, et se développe par des infiniment petits, par des quantités moindres que toute grandeur assignable.

Le pôle opposé de l'infiniment petit est l'infini ou l'infiniment grand. Nous n'avons plus à démontrer son existence ni sa nature.

35. Revenons maintenant aux règles de l'analyse infinitésimale.

Puisque toute grandeur finie, divisible à l'infini, renferme une infinité d'infiniment petits, et que le tout est égal à la somme de ses parties, on peut mettre ces deux termes en équation.

Ainsi :
$$a = \infty \, dx.$$

Mais il est clair qu'on n'affecte en rien la grandeur infinie $\infty \, dx$, si l'on y ajoute, ou si l'on en retranche un certain nombre d'infiniment petits. Le nombre en restera toujours infini. On peut donc faire la même opération sur la quantité finie a.

Ainsi :
$$a \pm n dx = \infty \, dx = a.$$

Nous pouvons donc établir la proposition suivante :

1. *Tout infiniment petit, comme tout nombre déterminé d'infiniment petits, est nul, en comparaison d'une quantité finie.*

Cette proposition, qui est la première règle du calcul différentiel, est absolument rigoureuse. Elle est identique à la proposition suivante, qui n'a plus besoin de démonstration :

2. *Toute quantité finie est nulle, en comparaison de l'infini ou d'un infiniment grand.*

En effet, l'infiniment petit est au fini comme le fini est à l'infini. L'infini n'est pas susceptible d'augmenter ou de diminuer d'une quantité finie, quand il entre en rapport avec elle.

3. *Toute quantité finie, divisée par un infiniment petit, devient infiniment grande.*

En effet, de l'équation
$$a = \infty \, dx,$$
on tire évidemment
$$\frac{a}{dx} = \infty .$$

4. *Toute quantité finie, multipliée par un infiniment petit, devient infiniment petite et égale à une infinité d'infiniment petits du second ordre.*
$$a \, dx = \infty \, dx^2$$
Il est aisé de concevoir qu'une infinité d'infiniment petits formant une quantité finie, une infinité d'infiniment petits du second ordre doivent former un infiniment petit du premier.

5. *Tout infiniment petit, ou tout nombre déterminé d'infiniment petits, d'un ordre supérieur, est nul devant l'infiniment petit d'un ordre inférieur.*

Ainsi :
$$dx \pm dx^2 = dx.$$
En effet, $dx + dx^2 = dx \, (1 + dx)$. Mais $1 + dx = 1$ (règle 1). Donc, $dx \, (1 + dx) = dx$.

Il en est de même pour les infiniment petits de la seconde espèce (n° 52).

En effet, $dy + d^2y = d \, (y + dy)$. Mais $y + dy = y$. Donc, $d \, (y + dy) = dy$.

Ces propositions sont évidentes. Car nous venons de voir qu'une infinité d'infiniment petits du second ordre ne forme qu'un seul infiniment petit du premier (règle 4). Il en résulte évidemment qu'un infiniment petit du premier ordre est infiniment grand en comparaison d'un infiniment petit du second, et qu'on peut supprimer devant lui, sans affecter sa valeur, un nombre déterminé d'infiniment petits du second ordre (règle 2). D'où suit la nouvelle proportion « qu'un infiniment petit du second ordre est à un infiniment petit du premier, comme celui-ci est à une quantité finie : »

$$dx^2 : dx :: dx : 1 ;$$

et comme 1 contient une infinité de dx, dx doit aussi contenir une infinité de dx^2, c'est-à-dire qu'un infiniment petit d'un ordre quelconque renferme une infinité d'infiniment petits de l'ordre supérieur.

Puisque l'élévation à une puissance quelconque diminue infiniment la valeur relative de l'infiniment petit, l'extraction de la racine doit augmenter sa valeur dans la même proportion. Donc :

6. *Tout infiniment petit d'un ordre quelconque est nul devant sa racine.*

Ainsi :
$$\sqrt{dx} \pm ndx = \sqrt{dx};$$

d'où il suit que $\sqrt{dx}$ est infiniment grand, en comparaison de dx, et contient par conséquent une infinité d'infiniment petits du premier ordre. La valeur de l'infiniment petit augmente donc à mesure qu'on ajoute à la puissance de sa racine.

7. *Toute quantité finie, divisée par un infiniment petit d'une puissance quelconque, est égale à l'infini du même ordre.*

En effet, nous avons vu que $\dfrac{a}{dx} = \infty = A$.

Or, une quantité fractionnaire augmente à proportion qu'on diminue la valeur de son dénominateur. Si on la diminue de l'infini, il faut que la quantité elle-même devienne infiniment plus grande. De sorte que

$\dfrac{a}{dx^2} = A^2$, et généralement $\dfrac{a}{dx^n} = A^n$.

A^2 sera donc un infini du second ordre infiniment plus grand que l'infini du premier, par conséquent infiniment infiniment plus grand que a, quantité finie, qui est elle-même infiniment infiniment plus grande que dx^2. On conçoit aisément, par cet exemple, qu'il y a une infinité de puissances ou d'ordres dans l'infini, et qu'une distance infinie sépare chacune de ces puissances, de la puissance immédiatement supérieure ou inférieure.

8. *L'infini d'une puissance quelconque, multiplié par un infiniment petit du premier ordre, est égal à l'infini de la puissance immédiatement inférieure.*

Ainsi,
$$\frac{a}{dx^2} \times dx = \frac{a}{dx} = \infty,$$

c'est-à-dire, que l'infini du second ordre, multiplié par dx, devient un infini du premier ordre; et généralement l'infini de la puissance n, multiplié par dx, devient un infini de la puissance $n-1$:

$$\frac{a}{dx^n} \times dx \qquad \frac{a}{dx^{n-1}}.$$

Nous avons vu déjà (règle 5) que l'infini du premier ordre, multiplié par un infiniment petit du même ordre, se transforme en quantité finie : $a = \infty \, dx$, ou $\frac{a}{dx} \times dx = a$; de sorte qu'on peut, dans le calcul, considérer le fini comme étant l'infini élevé à la puissance 0, ou comme l'unité, par l'application de la règle 8.

Cela posé, si l'on multiplie encore A^0 par dx, on obtient pour produit un infiniment petit, ce qui résulte aussi, du reste, du produit de l'infini, multiplié par un infiniment petit du second ordre :

$$\frac{a}{dx} \times dx^2 = adx ;$$

de sorte qu'en généralisant toujours la règle 8, on peut considérer les infiniment petits comme des puissances négatives de l'infini.

En effet, nous avons vu qu'ils sont engendrés par la loi de la divisibilité à l'infini, se manifestant dans les grandeurs finies. Or, du moment qu'il entre dans le domaine du fini, c'est-à-dire de la négation, l'infini doit aussi se combiner avec la forme du fini et prendre un caractère négatif.

Leibnitz assimilait les différentielles aux racines imaginaires. Carnot établit un rapprochement entre elles et les quantités négatives[1].

Il existe donc une progression uniformément croissante entre les ordres de l'infini, le fini ou l'unité, et les ordres des infiniment petits; et chacun des termes de cette progression est séparé de celui qui le précède par une distance infinie.

56. Après avoir établi le calcul des infiniment petits sur sa base philosophique, jetons un rapide coup d'œil sur son histoire.

On a reproché à Leibnitz de n'avoir pas défini les infiniment petits, de les avoir regardés comme des incomparables, et d'avoir ainsi introduit des erreurs dans le calcul[2]. L'abbé Bossut a pris sa défense[3]. M. Barchou de Penhoen a fait un curieux parallèle entre les infiniment petits et les monades[4]. Leibnitz lui-même ne s'explique pas catégoriquement sur l'existence des quantités infinitésimales. Nous pensons cependant qu'il les admettait comme des réalités.

« Les infiniment petits sont tellement fondés, dit-il[5], que tout se fait dans la géométrie et même dans la nature, comme si c'étaient de parfaites réalités : témoins notre analyse géométrique des transcendantes et ma loi de continuité. Cependant on peut dire que toute la continuité est une chose idéale, et qu'il n'y a jamais rien dans la nature qui ait des parties parfaitement uniformes. Mais en récompense le réel ne laisse pas de se gouverner parfaitement par l'idéal et l'abstrait, et il se trouve que les règles du fini réussissent dans l'infini, comme s'il y avait

---

[1] Leibn., *Opera*, t. III, p. 371 et 500. Carnot, *Réflexions sur la métaph. du calc. infinit.*, note à la fin. Cf. M. Bordas-Demoulin, *Le cartésianisme*, t. II, p. 459-60.

[2] Cf. Fontenelle, *Géométrie de l'infini*, préface. D'Alembert, *Encyclopédie*, art. différentiel. Carnot, *Réflexions sur la métaph. du calcul infinit.*, n° 30.

[3] *Encyclopédie méthodique*, discours préliminaire, p. 92.

[4] *Histoire de la philos. allemande*, t. I, p. 179.

[5] *Opera omnia*, Genève, t. III, p. 370, 441, etc.

des atomes, quoiqu'il n'y en ait point, la matière étant actuellement sous-divisible sans fin, et que *vice-versa* les règles de l'infini réussissent dans le fini, comme s'il y avait des infiniment petits métaphysiques, quoiqu'on n'en ait pas besoin et que la division de la matière ne parvienne jamais à des parcelles infiniment petites. C'est parce que tout se gouverne par raison.... »

Il est probable, du reste, que la pensée de Leibnitz s'est modifiée au contact des hommes de son époque. D'autres passages sont moins concluants. Quoi qu'il en soit, Leibnitz est regardé, à juste titre, comme le fondateur de l'école rationaliste en mathématiques, école qui admet l'existence réelle et numérique des quantités infinitésimales, et qui poursuit, sous une autre face, les traditions de la philosophie réaliste du moyen âge. Cette école s'est maintenue avec éclat, en France, sous l'influence du cartésianisme, jusqu'à l'invasion de la doctrine de Locke.

Newton suit une autre marche que Leibnitz, et arrive aux mêmes résultats. A la notion du nombre et de la quantité abstraite, il substitue la notion particulière du mouvement, empruntée à l'expérience et à la mécanique, et remplace ainsi les différentielles par les fluxions. Les fluxions sont les accroissements infiniment petits que prennent les vitesses. C'est l'infini, manifesté sous la forme de la continuité dans le temps.

La méthode des fluxions, développée par Maclaurin et suivie par les géomètres et les mathématiciens anglais, n'est elle-même, entre les mains de Newton, que le procédé analytique qui sert à déterminer les premières et les dernières raisons des quantités naissantes et évanouissantes, ou la limite de leur rapport (primæ quantitatum nascentium ultimaeque evanescentium summæ et rationes, id est limites summarum et rationum [1]).

La notion de l'ultima ratio est devenue le principe de la méthode

[1] *Philosophiæ naturalis principia mathematica*, de motu corporum, lib. I, lemme 11, scolie.

des limites, créée par d'Alembert, développée par Lacroix, par Cauchy, et suivie aujourd'hui par la plupart des mathématiciens français et par les analystes de l'école moderne en Allemagne.

D'Alembert rejette toute la métaphysique du calcul différentiel. Il n'admet les infiniment petits qu'à titre d'hypothèses, pour abréger et simplifier le raisonnement[1]. Il tend déjà à éliminer la notion de l'infini, en la déguisant sous la notion finie de limite. Il occupe ainsi le milieu, sous le rapport historique et philosophique, entre l'école de Leibnitz et celle de Lagrange. Il emploie des éléments d'analyse dont il nie l'existence. Sa méthode prend un caractère abstrait, et se développe sous l'influence de la philosophie de Locke : ce n'est plus le réalisme rationaliste, ce n'est pas encore le nominalisme sensualiste.

L'abstraction est, en philosophie, la position la plus fausse que l'on puisse occuper. Elle implique une antinomie nécessaire et insoluble. Les procédés du calcul différentiel, à ce point de vue, ne sont plus, comme le déclare hautement Wronski, que des règles subjectives, des règles de notre spéculation, et nullement des lois de la réalité même[2].

A la différence des mathématiciens français, si versés dans l'analyse, Wronski procède par voie de synthèse, pour construire le système général ou l'architechtonique des mathématiques ; dans cette voie il a trouvé une nouvelle branche de l'algorithmie[3]. Mais, dans la déduction métaphysique du calcul différentiel, il obéit encore à l'influence de la philosophie de Kant, que Schelling a transportée dans l'absolu. Cette philosophie se fonde également sur des principes exclusifs, sur le subjectif et l'objectif, l'idéel et le réel, pris uniquement au point de vue de l'intelligence. Elle laisse ainsi subsister les antinomies dans les divers

---

Sur les rapports et les différences qui existent entre la méthode de Newton et celle de Leibnitz, Cf. Carnot, *Métaph. du calcul infin.*, n° 129, s. — D'Alembert, *Encycl.* art. différentiel et fluxions. — Lagrange, *Leçons sur le calcul des fonctions*, 1806, leçon première.

[1] *Encyclopédie*, art. différentiel. Cf. Carnot, *Métaph. du calcul infinit.*, n° 129, s. Lagrange, *Leçons sur le calcul des fonct.*

[2] *Introduction à la philosophie des mathématiques*, p. 52-53.

[3] *Ibid.*, p. 51, 47-62.

ordres des choses, au lieu de les unir dans une synthèse plus haute.
Selon nous, l'antinomie n'existe, ni dans la philosophie, ni dans les mathématiques, où elle se résout dans le nombre, qui n'est pas plus objet
que sujet. L'algorithme primitif de la graduation (les puissances et les
racines), auquel se rattache le calcul différentiel, existe dans la nature
aussi bien que l'algorithme primitif de la sommation (addition et sous-
traction). C'est ce que Schelling avait déjà établi dans la doctrine de la
potentialisation de l'absolu, et nou-smème, en constatant l'existence
des infiniment petits, nous les avons regardés comme des puissances
négatives de l'infini (n° 55 : 8). Le calcul infinitésimal ne repose donc
pas seulement sur une loi régulatrice de la raison spéculative, et n'a
pas, comme tel, une existence purement subjective ; mais il repose
avant tout sur la loi absolue du nombre, et sur une saine observation
de la nature, où l'infini se montre partout, sous la forme de la divisibilité et de la continuité.

37. Leibnitz, Newton et d'Alembert, fondateurs de trois écoles et
de trois méthodes distinctes, s'accordent à admettre les infiniment
petits dans le calcul. Euler et Lagrange s'accordent à les rejeter, le
premier en les égalant à zéro, le second en cherchant à réduire l'analyse transcendante de l'infini à un simple calcul algébrique.

Euler a profondément scruté la métaphysique du calcul différentiel.
Il commence par déduire les infiniment petits de la loi de la divisibilité
à l'infini, en vertu de laquelle chaque parcelle de matière contient une
infinité de parties ; il en conclut avec raison que les atomes ou molé-
cules, comme particules indivisibles des corps, n'existent pas. Considérant ensuite que toute quantité peut être diminuée jusqu'à s'évanouir,
il déclare que l'infiniment petit n'est autre chose qu'une quantité qui
s'évanouit et qui devient égale à 0. En effet, dit-il, l'infiniment petit
est moindre que toute grandeur assignable. Il doit donc être nul ; car
s'il ne l'était pas, on pourrait assigner une grandeur au moins égale,
ce qui est contre l'hypothèse. Cependant, on ne peut pas dans le calcul
le représenter par 0 ; car on tomberait ainsi dans la plus grande con-

fusion, et l'on ne pourrait même en faire aucun usage. La raison en est que, dans l'analyse infinitésimale, on cherche le rapport géométrique, et non le rapport d'égalité des infiniment petits[1].

Ces principes posés, Euler démontre, avec une extrême rigueur, les règles du calcul différentiel. Mais il n'a pas affermi la base même de sa doctrine. Le motif qu'il allègue en faveur de l'annullation des quantités infinitésimales est une méprise. On ne dit pas qu'on ne puisse assigner aucune grandeur égale; on soutient seulement qu'on ne peut assigner aucune grandeur moindre. De plus, en égalant les infiniment petits à 0, Euler a renversé son propre édifice. Les infiniment petits, comme tels, n'existent plus. Il était donc inutile de les déduire de la loi de la divi-sibilité, de poser leurs règles et leurs différents ordres. Leur rapport se réduit à l'expression $\frac{0}{0}$, qui n'est d'aucun usage et ne présente au-cune idée[2].

Ce n'est point par la considération des quantités évanouissantes, mais par la difficulté de concevoir l'infini, ou l'impossibilité de l'atteindre par les sens, que l'école de Lagrange rejette l'existence des infiniment petits. L'empreinte matérialiste de son origine est visible, et se trahit dans les critiques dirigées par Lagrange contre les méthodes pré-cédentes.

Les doctrines sensualistes avaient fait d'immenses progrès en France. La philosophie y était en pleine voie de décadence. Descartes était tombé dans l'oubli; Malebranche passait pour un fou; Locke était dé-bordé par l'abbé de Condillac. Le matérialisme, par son caractère su-perficiel, autant que par les conséquences sceptiques qu'il portait dans son sein, satisfaisait l'opinion publique. L'empirisme et l'atomisme étaient à l'apogée de leur puissance. Tout ce qui surpassait la sphère des sens était traité de chimère. Les spéculations transcendantes sur l'infini n'avaient plus de valeur.

[1] *Institutiones calculi differentialis*, chap. 3, n° 72-86.
[2] Cf. Lagrange, *Leçons sur le calcul des fonctions*, 1re leçon. Carnot, *Métaph. du calcul infinit.*, n° 145, 146.

C'est sous l'influence de cette philosophie qu'est née l'école de Lagrange [1]. L'analyse, dit cet illustre mathématicien, ne doit avoir
d'autre métaphysique que celle qui consiste dans les premiers principes et dans les opérations fondamentales du calcul. Quand on appro-
fondit les différentes méthodes proposées depuis Leibnitz, on trouve
qu'elles ont pour but de donner le moyen d'obtenir séparément les
premiers termes du développement d'une fonction, en les détachant et
les isolant, pour ainsi dire, du reste de la série. Il est donc plus simple
de considérer immédiatement le développement des fonctions, sans
employer le circuit métaphysique des infiniment petits ou des limites,
et c'est ramener le calcul différentiel à une origine purement algébrique. Mais, dans l'algèbre, on ne considère les fonctions qu'autant
qu'elles résultent des opérations de l'arithmétique, généralisées et trans-
portées aux lettres, au lieu que dans le calcul des fonctions, proprement dit, on considère les fonctions qui résultent du développement
en série, lorsqu'on attribue à une ou à plusieurs quantités de la fonction, des accroissements indéterminés [2].

Ainsi, la différence subsiste entre l'algèbre et l'analyse infinitésimale.
Il n'y a guère que les expressions qui changent : les différentielles
sont remplacées par les fonctions dérivées [3], et le calcul des infiniment
petits par le calcul de fonctions particulières auxquelles on attribue des
accroissements indéterminés. Mais du moins on est parvenu à masquer
la véritable origine du calcul différentiel, à bannir des mathématiques la notion et le nom même de l'infini, qu'une philosophie plus
profonde y avait introduits.

Puisque le résultat est le même, nous ne voyons pas qu'on gagne au
changement. Lagrange lui-même n'a pas hésité à faire usage du calcul
différentiel dans sa *Mécanique analytique*. Toute la question se réduit
donc à savoir si les infiniment petits existent ou n'existent pas : s'ils

[1] Cf. Wronski. *Introd. à la philos. des mathém.* p. 32. M. Bordas-Demoulin, *Le cartésianisme*, t. II, p. 447.
[2] *Leçons sur le calcul des fonctions*, leçon première.
[3] *Ibid.*, leçon deuxième.

existent, il faut les employer; s'ils n'existent pas, il faut les exclure. Voilà pourquoi nous avons commencé par traiter cette question. Leur existence étant bien comprise, il n'y a plus de doute possible sur les avantages de leur application. L'analyse infinitésimale nous semble bien plus simple et plus féconde que la méthode des dérivées, qui repose elle-même sur la considération de l'infini, déguisé sous un autre nom [1].

58. Les opinions avaient bien varié dans l'espace de trente ans. En 1727, Fontenelle constatait que les infinis et les infiniment petits de tous les ordres étaient également établis. En 1758, Montucla pense qu'il n'est plus aucun géomètre qui prenne à la lettre les expressions d'infiniment grand et d'infiniment petit. Introduire dans les démonstrations, dit-il, autrement que par une sorte d'abréviation du discours, la notion de l'infini, notion sujette à mille difficultés métaphysiques, c'est vouloir altérer la clarté d'une eau parfaitement limpide par le mélange d'une eau d'une teinte louche et obscure [2].

Les auteurs qui, depuis, ont écrit sur le calcul différentiel, ou qui en ont fait des applications particulières, n'ont exposé, que nous sachions, aucun principe nouveau. Il semble que les esprits soient fatigués de toutes ces discussions, et que, de guerre lasse, on soit tombé d'accord pour admettre les infiniment petits, comme on admet encore les atomes, c'est-à-dire, comme une hypothèse ingénieuse et facile, propre à la spéculation, mais dépourvue de toute réalité. On semble également disposé à reconnaître qu'il n'est pas impossible que cette hypothèse conduise à des erreurs. C'est ce qui a fourni à Carnot l'occasion d'établir la théorie de la compensation des erreurs, comme un essai de conciliation entre les diverses méthodes d'analyse [3].

Il était naturel, en effet, qu'après les efforts tentés pour systéma-

[1] Cf. Wronski, *Introd. à la philos. des mathém.*, p. 52. Carnot, *Métaph. du calcul infin.*, n° 184, s.
[2] *Histoire des mathématiques*, partie 5, liv. 1, ch. 24.
[3] *Réflexions sur la métaph. du calcul infinit.*, n° 1.

tiser le calcul différentiel, au moyen d'un seul principe qui pût s'appliquer à tous les cas donnés, on cherchât à combiner ces différents points de vue en une espèce d'éclectisme. Le caractère propre de cet éclectisme devait être d'accepter comme légitimes toutes les méthodes et toutes les hypothèses, dans ce qu'elles ont d'essentiel.

On peut envisager l'analyse infinitésimale, dit Carnot, sous deux points de vue différents, en considérant les quantités infiniment petites ou comme des quantités effectives, ou comme des quantités absolument nulles. Les quantités nulles ou évanouissantes sont à la vérité des êtres de raison, mais cela n'empêche pas qu'elles n'aient des propriétés mathématiques, et qu'on ne puisse les comparer tout aussi bien que les quantités imaginaires. Dans ce cas, le calcul est rigoureux. Dans le cas contraire, si l'on considère les infiniment petits comme des quantités effectives, le calcul est imparfait, ou du moins il peut l'être ; mais il se redresse à la fin par l'élimination successive de toutes les quantités infinitésimales, élimination qui compense les erreurs, et qui est une suite infaillible des opérations du calcul [1].

On voit que cet éclectisme est impuissant à établir un principe général et absolu qui serve de criterium pour l'appréciation des diverses méthodes d'analyse. Carnot ne s'est pas élevé à la vraie notion de l'infiniment petit. Il regarde les différentielles comme des quantités continuellement décroissantes, c'est-à-dire indéfiniment petites [2]. Ce n'est qu'à ce point de vue que l'erreur est possible. Dans leur acception philosophique, les infiniment petits doivent conduire à des résultats parfaitement rigoureux et n'ont pas besoin de la théorie de la compensation des erreurs.

59. Dans ces derniers temps, il s'est manifesté un retour sensible vers les doctrines de Leibnitz ou de son école. Quelques mathématiciens ont restauré les infiniment petits dans le calcul différentiel, sous le caractère de quantités réelles, existant dans la nature. M. Bordas-Demoulin,

[1] Ibid., ch. 1, principes généraux, et ch. 3, n° 148, 150.
[2] Ibid., n° 14, s.

de son côté, a rétabli les ordres de l'infini dans la philosophie, tout en niant, par une étrange inconséquence, l'existence des quantités infinitésimales.

« On est conduit nécessairement à l'idée des infiniment petits (c'est M. Poisson qui parle), lorsqu'on considère les variations successives d'une grandeur soumise à la loi de continuité. Ainsi, le temps croît par des degrés moindres qu'aucun intervalle qu'on puisse assigner, quelque petit qu'il soit. Les espaces parcourus par les différents points d'un corps croissent aussi par des infiniment petits ; car chaque point ne peut aller d'une position à une autre sans traverser toutes les positions intermédiaires ; et l'on ne saurait assigner aucune distance aussi petite que l'on voudra entre deux positions successives. Les infiniment petits ont donc une existence réelle et ne sont pas seulement un moyen d'investigation imaginé par les géomètres [1] ».

Selon M. Bordas-Demoulin, c'est le contraire qu'il faudrait conclure. « Car si d'un point à un autre, on ne peut assigner aucune distance, aussi petite qu'elle soit, il est clair que ces deux points se touchent, ou qu'ils ne sont séparés par aucune distance, ni dès lors par aucun infiniment petit. Le corps se meut d'une manière continue, sans intervalle de lieu ni de temps [2] ».

Il y a ici trois cas possibles :

Ou les deux points successifs occupés par un corps en mouvement ne sont séparés par aucune distance ni finie ni infiniment petite : alors, en effet, les deux points se touchent et n'en forment qu'un seul ; mais alors aussi, ce qui est vrai pour deux points étant vrai pour tous, le mouvement n'existe plus et la continuité est impossible ;

Ou bien ces deux points sont séparés par une distance indéfiniment petite et irréductible en aucune autre, c'est-à-dire par un instant absolu: alors le mouvement a lieu par bonds et par sauts, et la continuité est encore impossible ;

---

[1] *Traité de mécanique*, introd. n° 12 ; 2ᵉ édition.
[2] *Le cartésianisme*, Théorie de l'infini, t. II, p. 452.

Ou, enfin, les deux points sont distincts et unis par une distance infiniment petite, dans le sens rigoureux du mot, et alors tout s'explique :
la continuité n'est pas brisée, le temps et le mouvement se développent sur une base infinie, comme tout ce qui est, et les infiniment
petits existent en eux comme une manifestation de leur essence éternelle.

Ainsi, des trois cas énoncés, le dernier seul est admissible, et les infiniment petits apparaissent, à cet égard, comme éléments de distinction et d'union, entre la confusion et la séparation absolues.

L'instant est, dans la théorie du temps, ce qu'est l'atome, dans les
corps. L'un est la négation de la continuité; l'autre, de la divisibilité.
Si ces lois sont vraies, il n'y a point d'instants, ni d'atomes ; et c'est
parce qu'ils n'existent pas qu'il existe des infiniment petits.

M. Lamarle reconnaît expressément cette vérité dans un supplément
qu'il donne à la métaphysique du calcul différentiel, inséré dans
l'ouvrage cité de M. Bordas-Demoulin [1]. L'auteur prétend, il est vrai,
que sa méthode doit suppléer à l'emploi des infiniment petits [2]. Mais
ce n'est là qu'un subterfuge. Cette méthode, comme toutes les autres,
repose sur la considération des quantités infinitésimales, et n'a de valeur
que par elle.

M. Cournot constate également l'existence réelle et effective des infiniment petits dans l'action complexe de la pesanteur, et dans l'émission
de la chaleur thermométrique [3]. Nous ne comprenons pas comment
M. Bordas-Demoulin peut voir dans ce fait l'indice d'une philosophie
sensualiste [4]. Il suppose évidemment que ceux qui admettent les quantités infinitésimales les regardent comme des grandeurs indéfiniment
petites. Car, comme éléments de l'infini, il les reconnaît implicitement

[1] *Supplément,* § 3; *Le cartésianisme,* t. II, p. 492-5.
[2] *Ibid.,* p. 515.
[3] *Traité élémentaire de la théorie des fonctions et du calcul infinitésimal,* t. I,
p. 83.
[4] *Le cartésianisme,* t. II. p. 453. Cf. p, 447.

dans le remarquable passage qui suit, par lequel nous terminerons ce chapitre ·

« Toute substance se compose de force et de quantité. Sa *quantité* étant divisible à l'infini, contient une infinité de parties; chacune de ses parties étant à son tour divisible à l'infini, contient une infinité d'autres parties; chacune des parties de ses parties étant encore divisible à l'infini, contient pareillement une infinité d'autres parties, et cela sans terme.

» Si la *force* d'une substance n'est point divisible, elle a une infinité de degrés jouissant de propriétés différentes et correspondant à l'infinité de parties de la quantité ; chaque degré a une infinité d'autres degrés jouissant de propriétés différentes et correspondant à l'infinité de parties que contient chaque partie de la quantité, ainsi de suite.

» Ces infinités d'infinités de degrés et de parties de la force et de la quantité indissolublement unies, forment des infinités d'infinités d'ordres, dans les substances ; et ces infinités d'infinités d'ordres dans les substances sont ce que j'appelle leur manière d'être particulière, leur détermination, leur nombre.

» Dans chacune d'elles, il y a un infini principal que l'on peut considérer comme leur *unité*, et il comprend une infinité d'infinis inférieurs, par lesquels il est nombre, rapport, raison, il est intelligible dans tout ce qu'il est; car c'est là ce que signifie être déterminé, avoir une manière propre d'être....

» Puisque tout ce qui est intelligible l'est par l'infini, que ce qui ne serait point intelligible ou déterminé ne serait rien, il en résulte que l'infini est partout, et le fini nulle part; en d'autres termes, que, contrairement à l'opinion des anciens, avant Plotin et Eutocius, c'est le fini qui est négatif, et l'infini qui est positif...

» L'homme moderne a de tous côtés l'infini en face, et s'il croit encore au fini, c'est qu'il le confond avec l'infini particulier, c'est-à-dire l'infini qui n'est pas infini en tous sens. Une ligne d'un pied enfermant des infinités d'infinis, puisqu'elle est divisible en des infinités d'infinités de parties, est par là infinie, quoiqu'elle ne le soit pas en longueur. L'esprit humain dont chaque idée, chaque sentiment, comprend aussi des infinités d'infinis, est infini de cette manière, et ne l'est pas d'une autre, vu qu'il est à l'infini de l'infini au-dessous de l'esprit incréé. Voilà ce qu'on appelle et ce qu'on peut en effet appeler fini. Mais c'est l'infini qui n'est pas infini en tout point. Découvrez quelque chose qui ne soit infini en aucun point, ce serait là le fini dans la rigueur du mot. Le chercherez-vous dans les choses examinées en elles-mêmes? Vous n'y trouverez que la force et la quantité, et partant que l'infini. Le chercherez-vous dans les idées qui représentent les choses à l'esprit? Vous n'y trouverez que des idées de perfection et des idées de grandeur, dès lors encore que l'infini. L'infini est donc la manière d'exister de tout, substances et idées. Que serait le fini absolument fini que vous demandez? Les idées sans rien qui représente la perfection et la grandeur, la force sans degrés, la quantité sans divisibilité, un je ne sais quoi sans propriété, sans fondement en soi-même, et sans raison dans la pensée[1]. »

[1] *Le cartésianisme*, Théorie de l'infini, t. II, p. 430-437.

CHAPITRE III.

DE L'INFINI QUALITATIF.

APPLICATION DE L'INFINI AUX DIVERS ORDRES DES ÊTRES.

40. Nous venons d'examiner les ordres de l'infini sous le rapport de la quantité. Nous devons les examiner maintenant sous le rapport de la qualité (n° 22). A ce point de vue, il n'y a plus de nombre et de grandeur, il n'y a plus de calcul possible ; il s'agit simplement de constater l'ordre des essences, c'est-à-dire, les degrés de perfection relative que possèdent les divers ordres des êtres, en tant qu'ils sont constitués par un principe infini, et les rapports de coordination ou de subordination qui en dérivent.

Mais à quel signe reconnaîtrons-nous la qualité des êtres ou des essences ? On peut évaluer les grandeurs en prenant l'unité pour base ;

mais avons-nous une base pour comparer les degrés de la perfection ? Dans la plus haute antiquité, sous l'empire de la métempsychose, on ne reconnaissait pas la supériorité de l'homme sur l'animal. Les Grecs et les Romains, de leur côté, admettaient la prééminence de l'homme sur la femme, de l'homme libre sur l'esclave, de l'homme civilisé sur les étrangers ou les barbares. Le christianisme a fait justice des préjugés nationaux, en proclamant l'égalité fondamentale de tous les hommes dans l'unité de la famille humaine unie avec Dieu. La femme alors est devenue la compagne de l'homme, et l'esclavage a été repoussé en principe. Mais l'inégalité a pris une autre forme. On établit généralement, sous l'influence de la philosophie chrétienne, la supériorité de l'essence des âmes sur celle de la nature, de l'esprit sur le corps. Cette inégalité de perfection est-elle mieux fondée que celle des anciens ? Pour résoudre ces questions, d'une manière rationnelle, il est évident que nous devons rechercher d'abord le criterium de la perfection.

41. La perfection se manifeste, soit dans le temps, soit dans l'éternité. Dans le temps, on l'appelle la perfectibilité ou le progrès. Elle se montre, comme telle, dans la vie des êtres qui ont la conscience d'eux-mêmes et l'intelligence de leur but, par le développement de plus en plus complet de leur nature. Le progrès existe dans la vie de chaque homme et dans la vie de l'humanité tout entière. La philosophie de l'histoire n'a d'autre objet que de constater, par les faits et par les considérations tirées de la nature humaine, la marche ascendante de l'humanité vers des destinées de plus en plus glorieuses. Mais, en dehors de cette perfectibilité temporelle, propre à l'humanité, il est un autre genre de perfection qui appartient à tous les êtres : c'est la perfection éternelle, fondée sur l'essence. Nous ne voyons pas, en effet, que la plante se transforme en animal ; ni l'animal, en homme. Nous ne voyons pas non plus que le progrès affranchisse l'homme des conditions essentielles de l'humanité. La nature des êtres n'a point varié depuis l'origine des choses. Or, les essences diverses ont des perfections diverses, et ces perfections sont éternelles comme les essences.

42. Il est facile de reconnaître le criterium de la perfection éternelle. En effet, puisqu'elle se fonde sur l'essence, ses degrés sont entre eux dans le même rapport que les essences ou les êtres. Or, l'ordre des êtres ou des essences est identique à l'ordre des infinis (n° 4). L'idée de la perfection se résout donc dans l'idée de l'infini (n° 15).

Maintenant, la génération des ordres de l'infini s'exprime dans la notion de la raison, comme rapport du contenant au contenu (n° 7). Il y a des infinis plus infinis les uns que les autres, c'est-à-dire, des infinis dont l'essence enveloppe l'essence d'autres infinis. Ainsi, l'esprit humain est la raison de ses diverses facultés dont il embrasse l'essence; Dieu est la raison de tout ce qui est. Le contenant est toujours supérieur à ses déterminations, comme ayant plus d'essence ou de réalité : le genre est supérieur à l'espèce ; l'espèce, à l'individu. Car l'espèce contient l'essence de tous les individus qui trouvent en elle leur raison d'être. Le principe ou l'être déterminant est même, d'après les règles exposées plus haut, infiniment au-dessus de tous les êtres qu'il contient en soi, car il représente un autre ordre de l'infini : il est absolu à leur égard. L'humanité, par exemple, est absolue vis-à-vis de tous les hommes individuels, et doit aussi être regardée par chacun d'eux comme un idéal, comme un type absolu qu'il est appelé à parfaire dans la vie.

Ainsi, dans la génération des infinis, le contenant est supérieur, et infiniment supérieur, à tout ce qu'il renferme en soi. Il serait impossible d'exprimer numériquement le rapport de subordination de ces deux termes. Mais, d'un autre côté, les déterminations intérieures du contenant, ayant la même essence et la même infinité, sont évidemment du même ordre, du même rang. Tous les infinis relatifs contenus dans un infini supérieur, quelle que soit leur quantité, sont coordonnés entre eux, sous le rapport de la perfection, en d'autres termes, sont d'une qualité égale.

L'idée de la raison est donc le criterium des degrés de perfection des êtres ou de la qualité des essences.

43. D'après ces considérations, nous pouvons poser les principes suivants :

1. Plus un être a de réalité, plus il a de perfection.

En effet, la réalité, ou l'essence, et la perfection, sont inséparables de l'infini. Partout où est l'essence se montrent simultanément la perfection et l'infinité. Une essence plus compréhensive, celle de l'espèce vis-à-vis des individus, par exemple, emporte donc nécessairement une plus grande perfection.

2. Les essences qui ont la même raison d'être, sont de même qualité ou de perfection égale.

En d'autres termes, une réalité égale ou une infinité de même ordre suppose une perfection de même degré.

3. Les divers degrés de la perfection, ou les ordres des essences, considérées sous le rapport de la qualité, sont séparés entre eux par l'infini.

Car le déterminant est absolu vis-à-vis de ses déterminations particulières, et constitue un ordre supérieur de l'infinité (nos 18, 27).

4. Il n'y a point d'imperfection absolue.

En effet, tout ce qui est a une essence relativement infinie, par conséquent, relativement parfaite. Il n'existe pas plus d'imperfection absolue que de fini, ou de néant absolu (n° 3).

5. Tous les êtres finis, comme tous les infinis relatifs, ne possèdent qu'une perfection relative.

Car les êtres finis, ou les infinis relatifs, ne peuvent manifester que d'une manière relative, c'est-à-dire, conformément à leur être, les caractères de l'infini (n° 20). Ils ont une raison supérieure et plus parfaite ; de sorte qu'on peut toujours concevoir une perfection plus grande. Cependant, puisque l'être et l'infini sont en toutes choses, par l'impossibilité du néant absolu, tous les infinis relatifs participent aussi à la perfection absolue et sont absolument parfaits dans leur genre, comme ils sont absolument infinis de la même manière (nos 18, 29). Toute essence est donc parfaite, d'une perfection absolue, considérée en elle-même, dans son domaine propre ; d'une perfection relative, comparée à d'autres essences également parfaites dans leur genre.

6.

6. Dieu seul, comme cause et raison absolue de tout ce qui est, est infiniment et absolument parfait, au-dessus de tous les genres et de tous les degrés (n° 20).

44. Contrairement au premier de ces principes, Spinoza établit que « suivant qu'une chose a plus de réalité ou d'être, un plus grand nombre d'attributs lui appartiennent. » D'où il conclut que la substance, c'est-à-dire, l'être absolument infini, est constitué par une infinité d'attributs [1] (n° 25). Spinoza confond ici la quantité et la qualité, le nombre et la perfection. Nous démontrerons que Dieu ou l'Être possède un certain nombre d'attributs fondamentaux, d'où se déduisent tous les autres (ch. 6). Or, l'être est dans tout ce qui est, et partout il reste ce qu'il est, un et indivisible, bien qu'il se manifeste sous des formes infiniment variées par la différente combinaison des essences qui sont les attributs divins [2]. Ce n'est donc point par le nombre de leurs attributs que les êtres sont différentiés, puisqu'ils ont nécessairement toutes les propriétés de l'être, mais par leurs diverses combinaisons. En effet, nous avons vu que l'infini, comme étant la totalité de l'essence, est en toutes choses, et qu'en toutes choses il demeure éternel, immuable, nécessaire, absolu (n°° 10-19). Dans chaque être prédomine un caractère principal, qui est, dans le langage platonicien, son idée ou son type absolu. Ce caractère principal ne supprime pas les autres, mais les déplace, et change, pour l'être, la perspective du monde (n° 21). Il est qualitativement et non quantitativement distinct. C'est ainsi que les êtres se différentient en ordres et en espèces, et qu'ils sont plus ou moins parfaits dans leur essence.

45. Appliquons ce principe aux trois ordres des êtres organisés. La physiologie comparée nous enseigne que toutes les plantes ont un centre commun de vie, qu'elles tiennent à la terre par des racines et qu'elles y puisent le suc qui les nourrit. La vie de la plante n'est donc pas détachée de la vie générale de la terre ou de la nature ; en d'autres

---

[1] *Éthique*, 1re partie, prop. 9, définit. 6.
[2] *Ibid.*, définit. 4.

termes, elle se manifeste sous le caractère principal de l'*unité*. L'homme et l'animal, au contraire, ont un centre de vie propre ou individuel, qui se montre, dans leur organisme, par l'estomac et le cœur, et dans leurs relations extérieures, par la faculté de locomotion. Mais l'animal est essentiellement constitué par la diversité; le règne qui lui est propre se divise en une prodigieuse multitude de genres et d'espèces, comprenant des individus de toutes les grandeurs, de toutes les formes, et vivant dans tous les éléments : la vie de l'animal se manifeste donc sous le caractère principal de la *variété*. L'homme, enfin, s'élève à l'*harmonie* de la variété dans l'unité. Tous les hommes ont la même essence, forment une seule famille, une société de frères, ayant la même destination. Il n'y a pas dans l'humanité de genres, ni d'espèces ; il n'y a qu'une diversité de races, en harmonie avec les climats. L'humanité présente donc la plus grande unité possible : cette unité s'exprime dans la solidarité de tous les membres de la famille humaine. Mais, dans cette unité, se dessinent en même temps les variétés les plus caractéristiques, sous la forme des individus. Les animaux de même espèce n'ont entre eux qu'une différence insensible, au prix de la différence qui se remarque entre les hommes. L'union de la variété et de l'unité est donc le caractère principal de la vie humaine. C'est en vertu de ce caractère que l'homme est une personne, c'est-à-dire, une individualité complexe, qui se rapporte à elle-même dans la conscience et se comprend dans la raison.

Cependant, ces caractères ne s'excluent pas : il y a aussi de la variété et de l'harmonie dans la plante; de l'harmonie et de l'unité dans l'animal ; chaque être même passe par ces trois états successifs dans le développement de la vie [1]. Seulement, dans tous ces états, dans tout leur être et dans toutes leurs formes, la plante est toujours constituée au point de vue principal de l'unité; l'animal, au point de vue principal de la variété; l'homme, au point de vue principal de l'harmonie. Et le

---

[1] Cf. Mon *Essai sur la génération des connaissances humaines*, introd., p. 52, s.

passage de l'un de ces caractères à l'autre est absolument impossible, car il est de l'essence même de l'être (nᵒˢ 11, 17, 60, 68).

Maintenant, laquelle de ces idées a le plus de réalité ? Il est évident que c'est l'harmonie, puisqu'elle est l'union des deux autres. Sous ce rapport déjà, l'humanité vaudrait à elle seule autant que le règne végétal et le règne animal pris ensemble. Il y a plus. Le principe de l'harmonie ne résulte pas de l'alliance de la plante et de l'animal dans l'humanité, mais de la constitution de l'univers tout entier et de la nature de l'Être suprême. Nous avons exposé ces idées dans l'ordre où elles se présentent dans l'analyse ; mais au point de vue synthétique de l'absolu, leur ordre est inverse. L'humanité, à cet égard, est infiniment supérieure en perfection aux règnes subordonnés des animaux et des plantes.

De même, le règne animal est infiniment supérieur au règne végétal ; car, à quelque point de vue que l'on se place, soit de l'analyse, soit de la synthèse , l'idée de la variété occupera toujours le milieu entre les idées de l'unité et de l'harmonie. L'animal sera donc toujours groupé entre l'homme et la plante, à une distance infinie de l'un et de l'autre. Cette déduction est conforme aux faits ; car toutes les plantes prises ensemble ne forment qu'une seule unité de vie avec la nature entière, tandis que chaque animal porte un principe de vie et constitue une unité en lui-même. C'est ce qui fait dire à Oken, dans la Philosophie de la nature, qu'un seul animal vaut autant que toutes les plantes prises ensemble [1].

Ainsi, les infinis relatifs de la plante, de l'animal et de l'homme sont subordonnés entre eux sous le rapport de la qualité, et forment trois degrés distincts de la perfection relative. La même subordination doit se reproduire dans les genres et les espèces des animaux et des plantes; mais les sciences naturelles ne sont pas assez avancées , dans leur rapport avec la philosophie, pour qu'on puisse la constater avec quelque certitude.

[1] *Lehrbuch der Naturphilosophie,* dritte Auflage, 1843, p. 169, nᵒ 1051.

46. Nous pouvons maintenant vérifier dans l'expérience la fausseté du principe de Spinoza (n° 44). En effet, la plante manifeste l'infini à la puissance de l'unité : d'où résulte, pour elle, la nécessité de se développer en union de vie avec la nature, par conséquent, sous la forme de racines, de tige, de branches, de feuilles, de fleurs et de fruits. L'animal manifeste l'infini à la puissance supérieure de la variété : d'où résulte, pour lui, la nécessité de détacher sa vie de celle de la nature, de se développer en lui-même, de se mouvoir dans l'espace, de recevoir des fonctions et de revêtir des formes propres à cette destination. L'homme manifeste l'infini à la puissance de l'harmonie : d'où résulte, pour lui, la nécessité de se développer en communauté de vie avec ses semblables, tout en poursuivant sa vocation individuelle, et de déployer librement son activité dans les sciences, dans les arts, dans la morale, dans la religion, dans le droit et dans l'industrie, organisés dans la société, d'après le principe de l'harmonie [1]. Toutes ces manifestations diverses ne sont que les conséquences nécessaires de la nature des êtres ou de leur degré de perfection. Leur nombre est indifférent, et l'on peut douter qu'il soit plus grand dans l'homme, que dans l'animal ou dans la plante. Tout est dans tout. A mesure que les sciences naturelles progressent, elles constatent de plus en plus la vérité de la loi de l'analogie universelle, dans les organismes comparés des divers êtres. Toutes les fonctions de l'animal existent aussi dans la plante, mais sous d'autres formes, à un autre point de vue : les racines représentent l'estomac ; la tige, le corps ; les branches, les membres ; les feuilles, les poumons ; les étamines et les pistils, le sexe. Quoique enchaînée à la terre, la plante se meut dans l'espace en prolongeant sa tige, en étendant ses branches, en se tournant vers la lumière, autant que sa situation le permet. Le mouvement ne fait donc que changer de nature. De même, toutes les fonctions de l'homme se rencontrent dans la diversité des animaux. Il faut même soutenir que l'organisme spirituel de

---

[1] Cf. Le *Cours de droit naturel et public,* de M. Ahrens.

l'homme existe aussi dans l'animal. En effet, l'animal pense, se sou-
vient, combine, sent et veut. Il a donc une âme, un esprit, conforme
à sa nature. De plus, toutes ses fonctions sont rationnellement distri-
buées, avec méthode et avec art, selon des proportions exactes, en
harmonie avec ses besoins et avec son but, qui est son bien. Son organisme n'est pas l'effet du hasard, mais de la raison, qui est en toutes
choses. Seulement l'animal, étant une individualité simple, n'a point,
comme l'homme, le pouvoir de se replier sur lui-même, de comprendre
sa nature et sa destination, de l'accomplir avec liberté et conscience,
comme un devoir moral, comme un hommage rendu à l'Être suprême.
Aliud est tenere ordinem, aliud ordine teneri [1].

Si le nombre des attributs devait s'accorder avec la qualité ou la
perfection, il faudrait, d'après les principes, que la plante en eût une
infinité ; l'animal, une infinité d'infinités, et ainsi de suite, ce qui
rendrait la science impossible, même dans sa base.

On ne peut donc pas rapporter à la qualité ce qui appartient à la
quantité. La qualité ne se mesure point par le nombre, mais par les
degrés de la perfection.

47. Les infinis relatifs que nous venons de distinguer, sous le rapport de la qualité, sont subordonnés entre eux : non pas qu'ils soient la
raison les uns des autres, mais parce que les idées qui les représentent
ont plus ou moins de réalité. C'est d'après cette réalité idéelle que nous
les avons jugés, conformément au premier principe établi plus haut.
Le second principe est d'une application plus facile. En effet, dans
chacun de ces ordres d'infinis relatifs qualitatifs, se montrent des infinis relatifs de perfection égale, ou coordonnés entre eux. L'identité
d'origine ou de raison emporte évidemment l'identité de perfection.
Et si les individus qui ont une raison commune peuvent encore être
distingués entre eux, ce n'est plus d'une manière subordinative, mais
coordinative ; ce n'est plus comme formant une hiérarchie, mais comme
termes complémentaires. Tous les individus d'une même espèce sont

[1] S. Augustin, *de mus.*, VI, 46.

donc de même rang et de même dignité. Tous les hommes, comme membres du genre humain, sans distinction de race, de culte ou de nation, sont fondamentalement égaux par l'identité de leur nature, sinon par les degrés de leur développement à une époque déterminée. La femme est du même rang que l'homme ; leur perfection est distincte, mais coordonnée. L'homme et la femme représentent, dans l'humanité, la dualité de la pensée et du sentiment, de la science et de l'art, dans son acception la plus générale; dualité essentielle, mais dont les termes doivent se compléter mutuellement.

De même, toutes les espèces du même genre sont coordonnées entre elles, par conséquent, d'une perfection égale, bien que dans les espèces puissent encore se reproduire les divers degrés de la perfection relative, par rapport au genre, qui est absolu à leur égard. Les espèces sont au genre supérieur, comme les individus sont à l'espèce. Elles sont fondamentalement égales entre elles; mais cette égalité fondamentale n'exclut pas la possibilité de nouvelles inégalités relatives.

48. Appliquons de nouveau ce principe aux modes d'existence de l'humanité, conçue comme l'être d'harmonie de la création. — L'homme n'est pas un esprit servi par des organes, comme le prétend le spiritualisme exclusif; ni un corps qui se développe jusqu'au point d'acquérir la propriété de penser et de vouloir, comme le prétend le matérialisme; l'homme est essentiellement un esprit et un corps en communion de vie dans la personnalité rationnelle.

Ces deux êtres, l'esprit et le corps, en tant que doué lui-même d'un principe vital et animique, sont égaux et coordonnés, bien que leur perfection soit différente et appropriée au mode particulier de leur existence. En effet, l'un et l'autre trouvent leur raison d'être dans l'idée de l'humanité, qui doit se développer en harmonie avec tout ce qui est : par son esprit, avec le monde des esprits ; par son corps, avec la nature; par sa raison, avec l'Être infini et absolu. Si l'homme n'était qu'un esprit ou un corps, il ne serait en relation qu'avec la moitié de l'univers, et l'harmonie serait brisée. Quand on se pénètre bien de la nature du corps et de l'esprit : quand on observe que tous les organes du corps sont liés et enchaînés entre eux, et que ses fonctions doivent s'accomplir avec une régularité parfaite, sous l'empire de la nécessité ; que les facultés de l'esprit, au contraire, peuvent se développer indépendamment les unes des autres, interrompre ou changer leur action avec une liberté entière, et s'abandonner à elles-mêmes, à leur spontanéité, on ne comprend pas qu'on puisse encore songer à faire dériver l'un de l'autre des êtres aussi distincts [1].

Mais, s'ils ne dérivent pas l'un de l'autre ; si, d'un autre côté, ils ont une origine commune, dans l'unité de l'essence humaine (n° 12), ils sont donc de perfection égale ou parallèle.

En quoi la pensée est-elle supérieure à la lumière ; et le sentiment, à la chaleur ? Sur quel principe, sur quelle base d'évaluation quantitative ou qualitative se fonderait-on, pour proclamer la prééminence des procédés de l'esprit sur les forces du corps ? Y a-t-il plus de réalité dans les uns que dans les autres ? Non, leur réalité est la même, puisqu'ils manifestent la même essence humaine, à des points de vue différents. Dira-t-on encore que l'esprit est supérieur au corps, parce qu'il le dirige et le gouverne ? Mais ce gouvernement de l'esprit, s'il est mauvais, n'est qu'un abus de la force ; s'il est bon, c'est un hommage rendu à la souveraineté de la raison, pouvoir absolu des principes qui président à toute direction. L'esprit ne peut gouverner qu'en se conformant aux lois de la raison. Il a l'initiative, si l'on veut, à cause de son caractère de spontanéité ; mais cette initiative a besoin d'une sanction plus haute. La raison seule est souveraine dans l'homme ; et, comme souveraine, elle est au-dessus de l'esprit individuel, autant qu'elle est au-dessus du corps. Elle se montre dans tout organisme, soit spirituel, soit naturel (n° 46) ; par conséquent, elle n'appartient ni à l'un ni à l'autre ; elle est supérieure à tous deux [2].

[1] Sur les rapports philosophiques de l'esprit et du corps et les considérations historiques qui les concernent, Cf. M. Ahrens, *Cours de psychologie*, leçon 5e.

[2] Le caractère infini et absolu de la raison a été reconnu à toutes les époques du

Il suit de là que l'esprit et le corps, égaux en dignité, doivent aussi se développer en harmonie l'un avec l'autre. Les anciens avaient, à cet égard, des idées plus justes que nous. La gymnastique formait une branche essentielle de leur système d'éducation. Platon en parle souvent, et personne ne s'est élevé à des considérations plus hautes sur cet objet important[1]. Mais sous l'influence de la philosophie chrétienne, réagissant contre l'antiquité, ces justes rapports ont été méconnus. Aujourd'hui encore, malgré les protestations des philosophes les plus éminents, de Spinoza, de Fénelon, de Malebranche (n° 85), malgré la réhabilitation de la nature, commencée par Leibnitz, poursuivie par Kant, et généralement admise dans les sciences naturelles, l'Église s'obstine à proclamer la dégradation du corps et son infériorité absolue vis-à-vis de l'esprit. L'ascétisme, le célibat et les pratiques de mortification, toutes choses contraires à la destinée individuelle et sociale de l'homme, passent encore pour des œuvres méritoires. On ne s'aperçoit pas qu'ôter au corps sa dignité, c'est autoriser l'homme à le traiter sans ménagement, c'est le livrer nécessairement aux inspirations du sensualisme, qu'on voulait éviter. Au lieu d'en faire, conformément à la doctrine biblique et évangélique, un temple élevé en l'honneur de Dieu, où tout doit être saint et pur, on en fait une chose vile et méprisable, un être dont les actes ne sauraient avoir aucune valeur, au rapport d'un acte de l'intelligence[2].

49. Le rapport de l'esprit et du corps, dans l'humanité, représente exactement le rapport du monde spirituel et du monde physique en Dieu. L'humanité appartient à ces deux mondes, dont elle exprime l'harmonie la plus intime et la plus complète. Elle est de toutes parts

développement philosophique. Il suffit de citer les noms de Platon, d'Aristote, de Bossuet, de Fénelon, de Malebranche. Cette vérité peut être regardée comme définitivement acquise à la science, après les travaux de M. Cousin et de M. Bouillier (*Théorie de la raison impersonnelle*). Elle commence à entrer de plus en plus dans le domaine de la science sociale. Cf. M. Blanc Saint-Bonnet, *De l'unité spirituelle*, liv. 2, M. Ramon de la Sagra, M. De Potter, etc.

[1] Cf. *La république*, liv. 3; *le Timée*, in fine.
[2] Cf. M. Ahrens, *Cours de psychologie*, partie métaph., doctrine de Dieu.

resserrée dans l'univers ; bien qu'elle y occupe la place la plus importante, et qu'elle soit appelée à le gouverner par la raison, elle est loin d'épuiser toute son essence. En dehors d'elle existent d'autres esprits et d'autres corps qui tous appartiennent à l'univers. L'infini de l'humanité est donc subordonné à l'infini de l'univers, considéré dans ses deux faces opposées, dans le monde des esprits et dans le monde des corps ; l'essence humaine a sa raison dans l'essence universelle qui lui fournit les conditions de la vie, et qui, dès lors, exprime un degré de perfection infiniment supérieur.

L'esprit ou l'être des esprits, et la nature ou l'être des corps, sont de leur côté coordonnés entre eux, et de perfection égale, quoique distincte. Car l'univers est un, dans son essence (n° 12) ; la dualité qui se montre en lui se résout dans une unité supérieure, et manifeste la même essence, sous deux attributs distincts et parallèles. Ici se présentent les mêmes objections que nous avons soulevées à l'égard de l'esprit et du corps. La solution est la même. La perfection de l'esprit consiste dans le caractère absolu de son être et de ses conceptions, en vertu duquel il se développe librement en rapport avec la nature, avec l'Être suprême, avec tout ce qui est. La perfection de la nature consiste dans le caractère infini de son essence et de ses productions, en vertu duquel elle est tout entière dans la moindre plante comme dans le système sidéral le plus étendu. Elle forme et achève toujours un être dans sa totalité. C'est pourquoi chaque organisme, dans la nature, est parfaitement et nécessairement lié dans toutes ses parties, et présente un emblème de la perfection de la nature entière. La simplicité et la fécondité de ses lois, la magnificence de ses procédés, la beauté de ses formes, et l'art infini qu'elle prodigue dans les moindres choses, commandent, à son égard, le même respect et la même admiration qu'à l'égard de l'esprit [1].

Quoique infiniment plus parfait que l'humanité et tous les êtres finis,

[1] Cf. M. Ahrens. *Cours de psychologie,* leçon 10.

l'univers ne présente encore qu'un degré relatif de la perfection. En effet, il ne renferme que des infinis relatifs, notamment dans l'opposition du monde physique et du monde spirituel; par conséquent, il est infiniment éloigné de la perfection absolue de Dieu, et il n'est pas possible qu'il l'atteigne jamais. Il est donc infiniment subordonné à Dieu, qui seul, comme raison de tout ce qui est, réunit tous les degrés de la perfection, dans sa perfection absolue.

50. Examinons maintenant les degrés de la perfection, sous le rapport du temps.

Nous avons vu que l'esprit animal, qui obéit à l'instinct et ne s'élève jamais au-dessus de son égoïste individuabilité, est infiniment subordonné à l'esprit humain, qui vit en communion avec les autres esprits, avec la nature et avec Dieu, par l'intervention de la raison (n°° 45, 48). Cette subordination est éternelle et infranchissable. Mais, sous le rapport du temps, la même distance ou la même hiérarchie se présente dans la vie des esprits. Leur développement s'opère en trois périodes principales et successives, qui sont : les sens, la réflexion personnelle, et la raison, correspondant, dans l'objectivité, au monde sensible, au monde spirituel de la réflexion, et au monde des idées et des principes absolus [1]. En effet, l'esprit humain commence son développement par les sens, avant de se concentrer sur lui-même, dans la conscience de sa personnalité; et quand il s'est reconnu comme personne, il découvre aussi la loi de solidarité qui le place dans la société de ses semblables, et les principes absolus qui le mettent en relation avec tous les ordres des choses. Ce développement du sensible au spirituel ou réfléchi, et du spirituel au rationnel constitue la loi du progrès. Le progrès est, à ce titre, l'ascension de la vie vers l'absolu, c'est-à-dire vers l'idéal, qui est la destinée des êtres. Tous les êtres, qu'ils le sachent ou qu'ils l'ignorent, marchent sans cesse vers l'accomplissement de leur but, de leur idéal.

51. Appliquons ce principe à l'âge du développement de la vie huma-

---

[1] Cf. *Essai sur la génér. des connaiss , hum.* partie théor., ch. 4.

nitaire. L'Orient se rattache encore à l'âge primitif, à l'époque embryonnaire, où tous les éléments et toutes les puissances de la vie sont enveloppés dans une unité confuse. La Perse nous rapproche déjà de l'Occident. Alors commence à prédominer la phase sensible de la vie, où l'humanité se développe principalement en rapport avec la nature. Cette phase est réalisée à deux points de vue différents, par la Grèce et par Rome, dans les formes de l'art et du droit, conçu comme l'ensemble des conditions nécessaires à la vie. Le monde chrétien, par contre, représente le côté spiritualiste de la vie humanitaire. Il se développe principalement en rapport avec les esprits et avec Dieu, et tend même à faire des peuples aussi indépendants de la terre, en vue de la cité céleste, que les anciens y étaient attachés [1]. Les institutions de l'église n'ont pas d'autre but. Les nations chrétiennes sont ainsi portées à s'enfermer dans l'isolement de l'esprit, comme l'antiquité s'enfermait dans l'isolement de la nature : des deux côtés, la vie n'est saisie que sous l'une de ses faces principales. Du reste, les traditions spiritualistes exclusives du christianisme se perdent de plus en plus. Nous entrons dans un âge nouveau ; et cet âge, s'il faut en juger par les tendances nombreuses qui se manifestent déjà dans la philosophie, dans la science sociale, dans l'industrie, doit représenter la phase rationaliste de la vie, et mettre l'humanité en rapport avec tout ce qui est, avec la nature, avec les esprits, avec Dieu. L'humanité alors, organisée en familles de peuples, entrera en possession complète de ses facultés, et sera appelée au gouvernement unitaire de son globe par la raison.

Les mêmes phases se reproduisent dans la vie de chaque homme. Elles éclatent avec la plus grande évidence dans le développement historique de la philosophie, et se représentent, sous des formes semblables, mais de plus en plus complètes, dans toutes les périodes principales [2].

[1] Cf. M. C. Guillery, *Lettres sur l'architecture*, 8e lettre.
[2] Cf. *Essai sur la génér. des connaiss. hum.*, partie hist., 1re époq., ch. 2, et 2e époq., ch. 2.

Appliquée aux rapports des hommes entre eux, la même loi marque la supériorité des uns sur les autres. Il est, en effet, des hommes qui ne cultivent que la partie sensible de leur âme, qui ne se nourrissent, comme disent Platon et Spinoza [1], que de pensées terrestres et confuses, d'opinions passagères et périssables, et se livrent aux passions sensuelles. Il en est d'autres qui ne combinent les choses qu'au point de vue abstrait de leur intérêt bien entendu, de leur personnalité, qui n'agissent que dans l'espoir d'acquérir une position brillante ici bas, ou d'obtenir une immense rémunération là haut. La distance est infinie entre ces deux catégories d'hommes ; mais elle est infinie aussi, entre celui qui veut recueillir pour lui-même, et celui qui sème pour les autres ; qui se dévoue pour sa famille, pour son pays, pour l'humanité ; qui cherche la vérité pour la vérité, traite l'art pour l'art, et fait le bien pour le bien ; qui se nourrit enfin de pensées divines et éternelles. Faire le mal ; faire le bien, dans son intérêt bien entendu, et faire le bien avec désintéressement ; — être dans l'erreur ; chercher la vérité pour soi-même, et la chercher pour tous ; — haïr ses semblables ; les aimer avec mollesse, comme une obligation pénible, et les aimer comme des frères, sous l'inspiration de la charité divine et de la solidarité humaine ; voilà, sous diverses formes, les degrés de la perfection des âmes. Entre eux est l'infini. Mais, comme ils n'appartiennent qu'à l'ordre du temps, la distance qui les sépare peut être effacée, soit dans cette vie, soit dans une autre, par un acte libre et spontané, par un retour volontaire vers les idées du bien et du devoir.

52. Les principes que nous venons d'exposer se trouvent déjà en germe dans plusieurs auteurs. Spinoza a démontré la coordination éternelle des esprits et des corps. Fénelon et Malebranche l'ont suivi dans cette voie, non sans quelque hésitation (n° 85). Schelling a repris sa doctrine, en la complétant par une théorie plus profonde de la nature. La perfection de l'univers et des êtres finis, par rapport à Dieu, a été discutée spécialement, dans la question de l'optimisme (n° 55, 64). Mais celui qui a le mieux saisi les divers degrés de l'in-

fini qualitatif, c'est l'illustre auteur des *Pensées*. Écoutons-le parler :

« La distance infinie des corps aux esprits figure la distance infiniment plus infinie des esprits à la charité, car elle est surnaturelle.

» Tout l'éclat de grandeur n'a point de lustre pour les gens qui sont dans les recherches de l'esprit. La grandeur des gens d'esprit est invisible aux riches, aux rois, aux conquérants et à tous ces grands de chair. La grandeur de la sagesse qui vient de Dieu est invisible aux charnels et aux gens d'esprit. Ce sont trois ordres de différents genres.

» Les grands génies ont leur empire, leur éclat, leur grandeur, leurs victoires et n'ont nuls besoins des grandeurs charnelles, qui n'ont nul rapport avec celles qu'ils cherchent. Ils sont vus des esprits et non des yeux, mais c'est assez. Les saints ont leur empire, leur éclat, leur grandeur, leurs victoires, et n'ont nul besoin des grandeurs charnelles ou spirituelles, qui ne sont pas de leur ordre, et qui n'ajoutent ni n'ôtent à la grandeur qu'ils désirent. Ils sont vus de Dieu et des anges, et non des corps ni des esprits curieux : Dieu seul leur suffit.

» Tous les corps, le firmament, les étoiles, la terre, les royaumes, ne valent pas le moindre des esprits, car il connaît tout cela et soi-même, et le corps rien ; et tous les corps et tous les esprits ensemble, et toutes leurs productions, ne valent pas le moindre mouvement de charité, car elle est d'un ordre infiniment plus élevé.

» De tous les corps ensemble on ne saurait tirer la moindre pensée : cela est impossible et d'un autre ordre. Tous les corps et tous les esprits ensemble ne sauraient produire un mouvement de vraie charité : cela est impossible et d'un autre ordre tout surnaturel. »

Dans ce remarquable passage, Pascal a reconnu l'ordre éternel des perfections sous un double point de vue, en plaçant, d'un côté, les corps, les esprits et la charité, qui est sans doute une inspiration de la raison divine ; et de l'autre, les génies et les saints. Si nous avons bien compris la charité surnaturelle, il a raison d'établir sa supériorité infinie sur les esprits et sur les corps. Mais il a méconnu les vrais rapports, les rapports de coordination qui existent entre les corps organiques et les esprits. Nous avons prévenu ses objections. Son erreur, à cet égard, est d'autant plus grande qu'il a mieux compris la perfection relative des génies et des saints. En effet, les hommes vraiment religieux, les prophètes et les apôtres, sont aussi grands que les plus grands génies ; mais ils ne sont pas au-dessus d'eux. Les uns et les autres puisent leurs inspirations dans l'absolu, et se dévouent à une mission sainte ; les uns et les autres sont, au même titre, les envoyés de Dieu. La seule différence qu'on puisse établir entre eux, dépend de la grandeur de leur dévouement ; cette supériorité peut appartenir aux uns comme aux autres. Sauf cette distinction, ils sont égaux. Les uns sont le cœur ; les autres, la pensée de l'humanité. La pensée et le sentiment sont éternellement coordonnées et parallèles dans l'esprit. La simplicité de cœur vaut donc autant, mais ne vaut pas plus que la sublimité du génie [1].

[1] M. Bordas-Demoulin adopte complétement les idées de Pascal. Après avoir montré que Bossuet avait raison de mettre tous les peuples anciens en mouvement autour du peuple juif, puisque ce peuple, qui portait principalement les destinées du genre humain, avait dans son institution une force d'un infini supérieur aux infinis des forces qui existaient dans les institutions des autres peuples, il déclare que tous les infinis de la société et de l'univers le cèdent aux infinis de la pensée [1].

[1] *Le cartésianisme*, théorie de l'infini, p. 474-5.

CHAPITRE IV.

DE L'INFINI DANS L'UNIVERS.

COMBINAISON DE LA QUANTITÉ ET DE LA QUALITÉ DES INFINIS.

—

Sommaire.

53. L'univers présente la combinaison de tous les ordres et de tous les genres d'infinis relatifs, considérés, soit sous le rapport de la quantité, soit sous le rapport de la perfection, soit enfin sous le rapport de la quantité et de la qualité réunies.

En combinant la quantité et la qualité des infinis relatifs, conçus sous le caractère de l'éternité, nous pouvons établir les principes suivants :

1. Toute la perfection d'un ordre quelconque de l'infini est nulle, au rapport de la perfection de l'ordre supérieur.

2. Toute la perfection des êtres finis ou des individus est nulle, au rapport de la perfection de l'univers.

3. Toute la perfection de l'univers est nulle, au rapport de la perfection absolue de Dieu.

Toutes les créatures ensemble s'écrient comme le Psalmiste : *substantia mea tanquam nihilum ante te*. « Qu'à chaque instant de son éternité, Dieu jetât à l'existence des myriades d'univers, il ne diminuerait point l'intervalle qui le sépare du moindre atome [1]. »

Comparés à l'univers, les êtres finis, quels qu'ils soient, hommes ou plantes, sont donc également nuls en perfection, par conséquent égaux entre eux. De même, toutes les perfections de l'univers sont égales entre'elles, comparées à la perfection divine. « Dieu voit les choses les plus inégales, égalées en quelque façon, c'est-à-dire également rien, en les comparant à sa hauteur souveraine... Sa sagesse infinie ne peut donc le déterminer à choisir le meilleur, quand il n'y a aucun objet déterminé qui soit effectivement le meilleur par rapport à sa perfection souveraine, dont les choses les plus parfaites sont toujours infiniment éloignées [2]. »

54. Mais la combinaison de la quantité et de la qualité des infinis ne saurait aller plus loin. Il n'existe pas dans l'échelle des êtres, des degrés infinis de perfection, comme il existe, sous le rapport de la quantité, des infinités d'ordres d'infinis. L'échelle des êtres ne s'étend pas à l'infini dans l'infiniment grand et dans l'infiniment petit, mais s'arrête à un *maximum* de grandeur et à un *minimum* de petitesse [3]. Malebranche se trompe donc, en disant :

« Nous avons des démonstrations évidentes et mathématiques de la divisibilité de la matière à l'infini ; et cela suffit pour nous faire croire

[1] M. Bordas-Demoulin, *Le cartésianisme*, t. II, p. 226 et 473.
[2] Bossuet et Fénelon, *Réfutation de Malebranche*, ch. 8.
[3] Cf. Krause, *System der Philosophie*, p. 436, 454.

qu'il peut y avoir des animaux plus petits et plus petits à l'infini, quoique notre imagination s'effarouche de cette pensée. Dieu n'a fait la matière que pour en former des ouvrages admirables, et puisque nous sommes certains qu'il n'y a point de parties dont la petitesse soit capable de borner sa puissance dans la formation de ces petits animaux, pourquoi la limiter et diminuer ainsi sans raison l'idée que nous avons d'un ouvrier infini, en mesurant sa puissance et son adresse par notre imagination qui est finie [1]. »

A l'impossible nul n'est tenu. Fénelon et Bossuet, dans le chapitre que nous venons de citer, déclarent expressément que « Dieu ne peut faire une créature qui rassemble en elle tous les degrés de perfection possibles. Car cette créature, ou serait infiniment parfaite, auquel cas elle serait Dieu même, ou n'aurait qu'un degré fini de perfection, et par conséquent il y aurait encore d'autres degrés de perfection possibles au-dessus de ceux qu'elle posséderait. Il ne faut donc pas s'imaginer que la puissance de Dieu soit infinie, en ce sens qu'elle peut produire une créature infiniment parfaite... A force de vouloir étendre sa fécondité et sa puissance, on la détruirait, car on la mettrait par là dans une vraie impuissance de produire quelque chose hors de lui. »

La puissance divine n'est donc pas une raison suffisante en faveur de l'existence d'êtres infiniment petits ou infiniment grands. Voyons maintenant si le second argument de Malebranche, la loi de la divisibilité à l'infini, peut s'appliquer à la vie, comme à la quantité.

La *vie* exprime la causalité propre des êtres finis, qui manifestent leur essence dans la succession du temps. En effet, quand nous n'apercevons aucun changement, aucune succession, dans l'état d'un être ou d'un objet, ou que nous attribuons le changement qui s'opère en lui à des causes étrangères, extérieures, nous disons que cet être ou cet objet n'a point la vie. C'est ainsi que nous n'accordons pas la vie aux minéraux, bien qu'ils soient susceptibles de se développer, parce que nous pensons qu'ils ne sont pas la cause propre de leurs développements. Cependant,

[1] *Recherche de la vérité*, liv. 1, ch. 6.

les minéraux sont de quelque manière : nous disons qu'ils existent, et nous distinguons alors l'idée de *l'existence* de l'idée de la vie. La vie résulte donc de la finité des êtres, qui doivent représenter dans le temps le fonds éternel de leur essence, mais seulement, en tant qu'ils sont la cause propre de leurs modifications. L'existence appartient à l'essence, à l'infini. Et comme l'infini est partout, tout ce qui est, existe ; mais tout ce qui est, ne vit pas. L'idée de l'existence est donc plus générale que celle de la vie. La vie est l'écoulement de l'essence éternelle, ou de l'existence, dans une succession d'états ou d'actes déterminés. En effet, les êtres finis, qui, dans leur essence, sont en dehors et au-dessus du temps, ne peuvent, en raison de leur finité, être et montrer à la fois tout ce qu'ils sont éternellement : de là, pour eux, la nécessité du développement, du temps et de la vie, afin qu'ils puissent successivement produire au jour, dans l'infinité du temps, tout ce qu'ils sont en éternité. La vie est le lien qui rattache leur éternité au temps, l'infini au fini. Cette condition ne saurait exister pour l'être absolument infini. L'essence infinie, comme totalité, est à la fois, et non successivement, tout ce qu'elle est ; elle ne vit pas dans le temps ; elle existe, elle est. Ce n'est que dans ses rapports avec les êtres finis et avec l'univers, qu'on peut et qu'on doit aussi la considérer comme la vie universelle, infinie [1] (n°° 14, 15.)

D'où il suit que la vie, appartenant aux êtres finis, est toujours revêtue d'une forme sensible, qui constitue son organisme, par conséquent, ne saurait se montrer là où il n'y a point de forme possible. Brisez l'organisme, et la vie disparaît dans sa forme actuelle. Il en résulte encore que la vie, manifestation de l'essence dans le temps, est indivisible comme l'essence. La vie est d'un autre genre que la quantité ou la grandeur ; elle n'est pas soumise aux mêmes lois.

Cela posé, il est évident que la notion de la vie ne peut pas s'appliquer à l'infiniment petit, ni à l'infiniment grand, qui n'ont aucune forme, aucune grandeur assignable. La vie ne peut se perdre à l'infini

[1] Cf. Krause, *System der Phisosophie*, p. 157, 480.

dans les abîmes de la petitesse et de la grandeur. Essentiellement finie en elle-même, elle n'appartient qu'aux êtres finis et doit nécessairement se renfermer dans des limites extrêmes, entre un minimum et un maximum. Il doit donc exister un être plus petit, et un être plus grand que tous les autres.

La même chose a lieu pour les globes célestes, qui, en tant qu'ils communiquent la vie, sont eux-mêmes des êtres vivants.

Maintenant pourquoi cet être, ou cet astre, a-t-il telle grandeur déterminée plutôt que telle autre? C'est ce qui dépend de la sagesse et de la volonté de Dieu. Car, ce ne serait pas résoudre la difficulté, que de répondre qu'il existe des rapports nécessaires entre la grandeur des êtres et celle de la terre qu'ils habitent, entre la grandeur de cette terre et celle du système sidéral auquel elle appartient, et ainsi de suite, puisque tous ces rapports dépendent eux-mêmes de la grandeur d'un astre ou d'un système pivotal. On ne résoudrait pas la question non plus, en disant que la grandeur de cet astre résulte de lui-même, est un effet de sa propre essence; car cette essence, qui est infinie, n'emporte pas une grandeur finie plutôt qu'une autre. D'un autre côté, la série infiniment infinie des conséquences qu'entraîne la grandeur d'un astre pivotal, par ses rapports avec les autres systèmes, par les rapports de ceux-ci entre eux, par les rapports de tous avec les êtres qui les habitent, et par le rapport des êtres avec tout ce qui est, cette série de conséquences, disons-nous, qui se prolonge à l'infini en tout sens, n'a pu être appréciée et déterminée que par une intelligence et une volonté infiniment infinies [1].

55. Nous venons de voir qu'il n'existe pas de degrés infinis de perfection dans l'échelle des êtres, puisque cette échelle, quelque immense qu'elle soit, est elle-même limitée. Mais on parle encore de ces degrés infinis, dans un autre sens, en les appliquant à l'univers. Malebranche et Leibnitz supposent qu'une infinité de mondes, de perfection diffé-

---

[1] Cf. Malebranche, dixième *Entretien sur la Métaphysique*.

rente, étaient possibles, et que de ces mondes Dieu a choisi, et a dû choisir, le meilleur ; celui qui, tout compte fait, renfermait la plus grande somme de perfection. Descartes et Spinoza rejettent cette hypothèse parce qu'elle introduit dans le monde, des causes finales, un but, que Dieu poursuivrait dans l'univers, ce qu'ils regardent comme contraire à l'infinité de l'essence divine. Fénelon et Bossuet repoussent également l'optimisme, parce que, suivant eux, il détruirait la liberté divine, et qu'il est d'ailleurs impossible en soi ; car Dieu peut toujours ajouter quelque nouveau degré de perfection à toute perfection déterminée ; par conséquent, il ne peut jamais produire le plus parfait [1].

Où est ici la vérité, où est l'erreur ?

La question est complexe, et demande à être éclaircie. Commençons par définir l'univers, en remontant à son essence ; car c'est là le point de vue fondamental, qui a été généralement négligé. L'essence de l'univers étant bien déterminée, nous en déduirons les conséquences, et nous connaîtrons ainsi ce qui est possible et ce qui ne l'est pas, ce qui est vrai ou faux dans l'optimisme.

56. L'univers, avons-nous dit, est la combinaison infinie de tous les genres et de tous les ordres d'infinis relatifs, particulièrement des deux ordres coordonnés, des esprits et des corps. Il est un système d'infinis relatifs, c'est-à-dire, d'essences ou de réalités qui toutes sont infinies dans leur genre, et finies les unes par rapport aux autres : voilà son essence. Comme tel, il flotte, non pas entre le néant et l'être, comme on l'a souvent répété, depuis saint Augustin, mais entre les abîmes incommensurables de l'infiniment petit, qui n'a plus aucune grandeur finie, et de l'infini absolu, devant lequel s'anéantissent tous les ordres d'infinis relatifs. En d'autres termes, l'univers est un système d'êtres finis, d'êtres vivants, qui tous, quelque prodigieuse que soit la distance qui les sépare les uns des autres, occupent le milieu entre les pôles opposés

[1] La question de l'optimisme a été discutée à fond, surtout sous le rapport historique, par M. Bordas-Demoulin, dans son ouvrage sur *le Cartésianisme*, t. II, p. 175-239. L'auteur se range à l'opinion de Fénelon et Bossuet.

de l'infini : l'infini absolu et l'infiniment petit. La vie est donc partout dans l'univers, et seulement dans l'univers : l'infini absolu et l'infiniment petit n'ont pas la vie, mais l'existence. On peut dire, à cet égard, que tous les êtres de l'univers, depuis l'animal microscopique qui nage dans une goutte d'eau ou dans une bulle d'air, comme dans un monde, jusqu'au système sidéral le plus étendu, dont il serait peut-être impossible de mesurer la grandeur, même au rapport de notre soleil, sont du même ordre et du même rang, comparés à l'infiniment petit et à l'infini absolu ; car ils sont tous infiniment grands à l'égard du premier, infiniment petits à l'égard du second ; ils sont tous des infinis relatifs, des combinaisons diverses et finies de l'infini.

A ce point de vue, nous comprenons l'unité de l'univers, par l'égalité des êtres ou des essences qu'il renferme. Comme système de tous les ordres d'infinis relatifs, de tous les êtres vivants, de toutes les perfections relatives, l'univers, conçu dans son unité, est l'infini relatif de l'ordre le plus élevé. Il embrasse tous les autres dans son essence infinie ; et tous les autres, pris à part, lui sont infiniment subordonnés sous tous les rapports. L'univers n'est infini que dans son genre ; mais, dans son genre, il est absolu aussi, vis-à-vis de tous les ordres particuliers d'infinis relatifs, qui sont en lui comme des espèces. L'univers est à la fois infini dans l'espace, infini dans le temps ou la durée, infini dans la vie et dans la grandeur, par l'infinité des infinités d'êtres de toute espèce qui vivent en lui. C'est ce que nous allons démontrer.

57. Constatons d'abord que chaque espèce ou chaque genre d'êtres contient nécessairement une infinité d'individus, puisqu'il est infini en lui-même ; c'est-à-dire que, dans l'univers, toute infinité d'essence exige une infinité d'êtres finis qui la réalisent. Cela est mathématiquement rigoureux. Car l'infini de l'espèce est d'un ordre supérieur à l'infini de l'individu. Or, d'après les principes établis (n° 55), une infinité quelconque contient une infinité d'infinités de l'ordre subordonné. On peut donc établir la même équation entre une infinité générique et une infinité de déterminations individuelles, qu'entre un infiniment petit du

premier ordre et une infinité d'infiniment petits du second, ou généralement, entre un infini et une infinité de finis. L'observation et le raisonnement confirment la solution mathématique. En effet, les individus ne manifestent l'essence de leur espèce ou de leur genre qu'à un point de vue complétement déterminé, ou infiniment fini. Chaque homme, par exemple, représente l'humanité sous une face toute particulière, qui lui est propre, qui constitue son individualité, et qui le distingue de tous les autres hommes. Cette individualité est déterminée sous tous les rapports : elle forme le caractère, inspire la vocation, donne à chacun son rôle dans l'œuvre humanitaire, et change pour lui la perspective de l'univers tout entier. L'individualité est donc un fait complétement ou infiniment déterminé, par le rapport de chaque être avec l'universalité des choses. Mais ce qui est vrai de l'homme est vrai de tous les êtres. On peut dire avec Leibnitz qu'il n'y a pas deux animaux, deux feuilles, ni même deux gouttes d'eau, qui soient tellement semblables, qu'on ne puisse plus les discerner. Or, s'il est incontestable que chaque individu ne manifeste l'essence de son espèce que d'une manière infiniment finie, il est de toute évidence qu'il faut une infinité d'individus pour épuiser l'infinité de cette essence. Car, s'il n'y avait qu'un nombre déterminé d'individus, l'essence de l'espèce, qui est infinie, et qui, comme telle, a des rapports infinis avec toutes les autres infinités relatives et avec l'infini absolu, se trouverait épuisée après un certain nombre de manifestations particulières, et ne donnerait jamais lieu qu'à un nombre fini de points de vue déterminés, sous lesquels se montreraient son infinité et l'infinité de ses rapports. La fausseté de la conséquence démontre la fausseté de l'hypothèse.

Ainsi, l'humanité est infinie dans son essence, par conséquent, dans le nombre des individus qui la composent. Le règne animal et le règne végétal sont pareillement infinis, et sont infinis en outre dans toutes leurs espèces et dans tous leurs genres.

Si l'on se représente ces infinités d'infinités d'êtres de toute espèce; si l'on admet de plus que chacun de ces êtres soutient, par son essence, des rapports infinis avec tous les autres, et qu'ainsi toutes ces infinités se combinent entre elles et engendrent d'autres infinités à l'infini, on commencera à pénétrer l'immensité de l'univers.

58. Ce spectacle de la combinaison infinie des infinités les unes avec les autres, ne s'accomplit pas apparemment sur l'étroite scène de notre terre. Qu'on cesse donc de se représenter la terre comme le centre du monde, comme le lieu où s'achèvent les destinées des êtres, où éclatent la grandeur et les mystères de la divinité. Non-seulement la terre ne contiendrait pas toutes les infinités d'infinités d'êtres, mais elle ne suffirait pas à en contenir une seule. Elle porte, à chaque instant, un nombre déterminé d'individus, et ce nombre, quelque immense qu'il soit, est infiniment petit, au rapport d'un seul infini. Qu'on le double, qu'on le décuple, il sera toujours infiniment petit, toujours nul, et déjà l'espace lui manquera. Il faut donc, il faut absolument, ouvrir l'univers entier aux évolutions de ces infinités d'infinités d'êtres. L'adjonction de quelques nouvelles terres, plus vastes que la nôtre, ne lèverait pas l'obstacle : les êtres étoufferaient encore. Un nombre indéfini de terres, aussi grand que le nombre des grains de sable de la mer, n'y ferait pas davantage. La difficulté resterait toujours la même : comment un espace fini peut-il contenir une seule infinité d'êtres finis ? Qu'on y réfléchisse, et l'on verra que l'infinité des êtres suppose nécessairement l'infinité des corps planétaires, c'est-à-dire, l'infinité de l'univers dans l'espace.

Cette infinité peut se démontrer encore d'une autre manière, plus directe et plus simple. L'univers est infini dans son genre, dans son essence. Or, cette infinité d'essence se manifeste, comme nous l'avons vu, dans des infinités relatives, dans des êtres ou des essences finies les unes par rapport aux autres. L'univers ne renferme que des choses finies. Cela est évident ; car, si l'un des astres qui peuplent le firmament était absolument infini dans l'espace, il envelopperait tous les autres corps, et il ne pourrait pas en exister deux. Mais, si l'univers est infini dans son genre ; si, d'une autre part, il ne contient que des êtres finis, des esprits et des corps, il est clair que l'infinité de son essence ne peut être remplie que par l'infinité des esprits et des corps. La manifestation est adéquate à l'être; comme nous l'avons établi pour les espèces, une essence infinie suppose nécessairement une manifestation infinie du même genre [1].

Voilà l'infinité de l'univers dans l'espace. Cette infinité est telle, que les distances astronomiques que l'on a pu mesurer jusqu'ici, et qui placent la plus proche des étoiles fixes à des millions de millions de lieues de la terre, sont absolument nulles à son égard. Il résulte d'un calcul fait par Herschel que la lumière, avec sa vitesse de soixante-quinze mille lieues par seconde, mettrait plus de trois mille ans à franchir l'espace qui nous sépare d'une étoile de seizième grandeur [2]. Ainsi, ajoute M. Bordas-Demoulin, il est des étoiles dont la lumière ne parviendra jamais à la terre ! Que dis-je ? Il en est dont la lumière ne saurait y parvenir [3] !

59. Montrons maintenant l'infinité de l'univers dans le temps ou la durée, et dans la vie.

Nous venons de reconnaître la nécessité pour les infinités d'êtres finis de se répandre dans l'univers entier. Cette démonstration s'appuie sur l'éternité de l'essence; car si les êtres finis ne faisaient que paraître au jour pour s'évanouir aussitôt, la terre suffirait à les engloutir, pourvu seulement qu'elle fût éternelle et toujours habitable. Mais l'anéantissement est impossible comme le néant. Toute essence est éternelle, par conséquent au-dessus et en dehors du temps. Elle n'est sujette, ni à la naissance, ni à la mort; elle ne vit pas, elle existe. Tous les êtres, dans leur essence, sont donc au-dessus des conditions de la vie et du développement. Le minéral lui-même est éternel et indestructible dans son essence (n°s 14, 54).

En effet, les diverses essences que contient l'univers, quoique in-

---

[1] Cf. Euler, *Institutiones calculi differentialis*, n. 75, 77.
[2] *Traité d'astronomie*, art. 600.
[3] *Le Cartésianisme*, t. II, 454.

finies, chacune dans son genre ; sont finies les unes par rapport aux autres. En tant qu'infinies, elles ont l'existence ; en tant que finies, elles ont la vie. A ce point de vue, nous comprenons le rapport de la vie à l'existence, comme le rapport du fini à l'infini, du temps à l'éternité. La vie a sa raison dans l'existence, qu'elle manifeste dans le temps, d'une manière successive, et n'est possible que par elle. Et comme l'existence est éternelle, elle est aussi la source éternelle de la vie ; en d'autres termes, l'éternité de l'existence suppose nécessairement l'infinité de la vie dans le temps (n° 14).

L'infinité du temps et de la vie peuvent se démontrer encore l'une par l'autre. Que serait le temps, sans la vie qui le remplit? Que serait la vie, sans le temps qui la fixe et détermine son évolution et ses périodes? Le temps est la forme, la vie est le fond : l'un n'est possible que par l'autre.

La combinaison du temps et de la vie, résout l'infinité de la vie dans une infinité de périodes déterminées et finies. En effet, la vie, comme élément du fini, est renfermée dans des limites précises, entre la naissance et la mort. Il n'y a point, à proprement parler, de vie éternelle. Ces deux termes sont contradictoires. Ce n'est pas en deux vies que l'humanité achève sa carrière : elle est destinée à se développer infiniment, dans l'infinité du temps et de l'espace, par une succession infinie de périodes déterminées de la vie. Voilà la mission de l'humanité, la mission de tous les êtres. C'est la conséquence nécessaire de l'infinité relative de leur essence. A ce point de vue, la mort est le commencement d'une vie nouvelle, comme la naissance est la cessation d'une vie antérieure.

60. Puisque la vie est la manifestation de l'essence éternelle dans le temps, les êtres, dans le développement infini de leur vie, conservent nécessairement leur essence, c'est-à-dire l'essence de leur genre et l'essence individuelle qui leur est propre. L'infinité de la vie est pour chaque être la condition du développement infini de son essence infinie, dans ses rapports avec l'infinité des êtres. L'homme reste donc

homme, l'animal reste animal, et la plante reste plante ; de plus, la distance infinie qui les sépare les uns des autres, et les sépare tous de l'infini absolu, subsiste tout entière à travers la série infinie de leurs vies, parce qu'elle est fondée sur leur essence éternelle. Cependant, en raison même du caractère de cette essence dans le règne végétal, qui ne forme qu'un seul foyer de vie avec la nature, il est possible que la vie de chaque plante aille se perdre dans l'océan de la vie physique, pour subir ensuite d'autres transformations végétales. De même, en raison du caractère essentiel de l'animal, constitué par le principe de la variété, il est possible que chaque animal, après avoir parcouru les espèces de son genre, passe dans un genre nouveau, où il revêtirait une nouvelle forme animale, sans perdre son individualité : de sorte que chaque animal parcourrait sans terme les degrés de l'animalité. La nature nous en offre des exemples particuliers, comme le fait observer Leibnitz, dans la métamorphose des vers en mouches, et des chenilles en papillons. Il n'est pas impossible que ce soit une loi générale de l'animalité, et que dans cette loi se montre encore le principe du contraste ou de la variété. Mais, ce qui est certain, c'est que ces métamorphoses et ces absorptions ne s'appliquent pas à l'humanité, où l'individualité devient personnelle et acquiert la conscience d'elle-même. La conscience est une propriété essentielle et nécessaire de la personnalité humaine, dont elle ne peut jamais être séparée. Dans toutes ses vies, l'homme conservera toujours la conscience de lui-même, la conscience de son infériorité ou de sa supériorité morale et intellectuelle ; et cette conscience, en se développant, sous d'autres conditions, peut, encore mieux que dans cette vie, devenir le supplice des méchants et la récompense des justes (n° 68).

61. En démontrant l'infinité des globes qui composent l'univers, nous pensons avoir suffisamment assigné les lieux où s'accomplissent les destinées des êtres. Plusieurs hypothèses ont été émises à ce sujet. D'après quelques auteurs, chaque astre constitue une unité indissoluble avec les êtres qui l'occupent, de telle sorte que les êtres y continuent

leur développement infini, à travers les transformations successives de leur globe. Les autres admettent le passage des âmes d'un globe à un autre, mais regardent la terre comme le centre et le théâtre principal de ces transmigrations. D'autres encore, contrairement aux notions les plus élémentaires (n°s 54, 59), n'accordent à l'homme que deux vies : l'une terrestre et temporelle; l'autre éternelle, soit céleste, soit sidérale. La doctrine de Krause nous semble avoir résolu ce problème de la manière la plus rationnelle.

En effet, si l'on considère, d'une part, qu'il n'existe pas une union tellement étroite entre les âmes et la terre, qu'elles ne puissent s'élever plus haut et aspirer à contempler le monde sous toutes ses faces ; et, d'une autre part, que la nature humaine est infinie, et, dès lors, doit se développer à l'infini en union de vie avec tout ce qui est, avec la nature et avec les esprits, dans l'espace et dans le temps, il est facile de concevoir la possibilité de la transmigration des âmes, dans leur vie infinie, à travers l'infinité des globes de l'univers. Cette doctrine, tout en maintenant l'unité de la société humaine, au-dessus du temps et de l'espace, satisfait en même temps au besoin de variété, qui est également dans la nature de l'homme, et doit se reproduire dans le développement de sa vie (n° 45).

Quoi qu'il en soit, toutes ces théories s'accordent à admettre l'habitabilité d'autres globes que la terre. Les découvertes de l'astronomie, dans les temps modernes, en plaçant la terre dans les cieux, en ouvrant le monde entier, dans son incommensurable immensité, à l'observation de l'homme [1], ont donné à ce résultat le plus haut degré de probabilité. Il n'est plus permis aujourd'hui de restreindre à la terre la fécondité et la puissance infinies de la nature. La vie est partout dans l'univers. La moindre parcelle de matière est un monde peuplé d'animaux microscopiques. Or, la matière, sous toutes ses formes, est une et identique (n°s 12, 20) : ce qui est vrai de la terre est donc vrai de tous les autres globes [2].

---

[1] M. Quinet, l'Ultramontanisme, 4e leçon.
[2] Cf. Fontenelle, Entretiens sur la pluralité des mondes.

62. Dans la constitution de l'univers, il ne faut jamais perdre de vue, sous peine de tomber dans des difficultés inextricables, le caractère infini de son essence, de sa matière, et le caractère fini de chacun des globes qui le composent. C'est la distinction de ces deux éléments qui peut seule expliquer le problème de la création. En effet, l'essence du monde est infinie dans son genre, par conséquent, au-dessus des conditions de la naissance et de la mort. L'univers, conçu dans son unité totale, n'a pas été créé dans le temps, et ne peut pas non plus périr dans le temps : son essence est éternelle, indestructible. Mais chacun des globes qui le forment, étant fini en lui-même, vit et se développe dans le temps : il est soumis aux lois universelles de la vie ; il peut se transformer, et acquérir ou perdre par ces transformations certaines propriétés, par exemple, celle de porter des êtres vivants. C'est ce qu'il est facile de montrer dans l'histoire de la terre. Toutes les traditions confirment que notre globe est devenu, à une époque déterminée, un centre de vie pour l'humanité, pour les animaux et pour les plantes. Pour acquérir cette propriété, il a dû se transformer, il a dû passer à une nouvelle forme de la vie. Cette forme nouvelle est sortie, non du néant, mais du chaos, de la confusion des éléments. Avant l'éclosion des êtres, la terre existait donc, d'une manière essentielle ; elle existera encore, après leur disparition, s'il est vrai qu'ils doivent disparaître, au moins dans leur condition présente. Rien ne s'oppose même, nous semble-t-il, à ce qu'elle passe à une nouvelle forme de la vie. Pourquoi n'en serait-il pas de la vie des astres, comme de la vie des êtres, où la mort n'est que la transition à une autre vie, où la vie se développe à l'infini, dans des périodes déterminées ? Évidemment, les raisons sont les mêmes dans l'une et l'autre application.

Les astres existent donc de toute éternité, sous une forme ou sous une autre, et se développent aussi en une infinité de périodes déterminées de la vie. Ces transformations des astres, qui se poursuivent à l'infini dans le passé, dans l'avenir, et même dans le présent, par l'infinité des systèmes célestes, constituent proprement le domaine de la création universelle. Elles peuvent s'accomplir sous des lois infiniment variées. Dans l'action infinie de la création, chaque instant voit éclore de nouvelles destinées pour les astres, et donne naissance à des combinaisons nouvelles.

L'univers n'a donc pas eu d'enfance. Il est de toute éternité, non pas dans sa forme actuelle, qui se modifie infiniment d'une manière continue et successive, mais dans les éléments essentiels qui le constituent. Toute autre création, par exemple, une création d'essence ou de matière, est absolument impossible (n°ˢ 17, 18). Créer c'est conserver, et conserver c'est créer, d'après un axiome de la philosophie cartésienne.

Nous comprenons maintenant l'infinité du temps et de la vie dans l'univers, par l'infinité des globes et des êtres, qui développent leur essence éternelle, dans une série infinie de périodes déterminées du temps et de la vie.

63. Résumons en quelques mots les principaux caractères de l'univers :

1. L'univers est complétement infini dans le temps, dans l'espace, dans la vie, et dans le nombre des corps qui le composent. Il présente la combinaison de tous les ordres et de tous les genres d'infinis relatifs; et, sans être l'infini absolu, il est *absolument infini dans son genre*.

2. L'univers est essentiellement *un*. Deux univers sont des termes contradictoires. L'infinité de l'un détruirait l'infinité de l'autre. Et comme ils seraient toujours du même genre, formés de la combinaison d'infinis relatifs, ils ne constitueraient encore qu'un seul et même système de réalités, qu'un seul et même univers.

3. L'univers est *éternel* et *nécessaire*, dans son essence, parce que cette essence est une et ne peut exister que d'une seule manière, identique, immuable. Il n'a donc pas dépendu de Dieu de créer ou de ne pas créer le monde, ni de le créer de telle ou telle essence. L'essence est nécessaire, divine, et ne peut être créée.

4. Le domaine du possible et de la création ne s'étend qu'aux êtres

finis, aux esprits et aux corps, qui vivent dans le temps, développent leur essence infinie, dans une infinité de périodes déterminées, sous une infinité de formes et de combinaisons possibles. Les combinaisons et les rapports des êtres vivants, les formations et transformations des astres et des systèmes célestes, constituent le domaine temporel de la création, qui est infinie, et s'accomplit sous le gouvernement de Dieu, comme vie infinie, et comme Providence (n° 81).

5. Une *infinité de mondes* sont donc possibles, sont même nécessaires, dans le développement et les combinaisons infinies des êtres qui forment le monde. C'est toujours la même essence, mais sous des formes infiniment variées, et toujours nouvelles. Le monde présente à chaque instant un aspect différent de tous les aspects passés ou futurs. Il est toujours jeune pour Dieu. Tous les mondes possibles occupent successivement leur place dans l'inépuisable fécondité des combinaisons du même univers. Et comme chacun de ces mondes se développe sous la direction de la sagesse suprême, qui seule peut avoir égard à ces infinités d'infinités de combinaisons et de rapports, il faut admettre qu'il est toujours, dans ses conditions déterminées, le *meilleur monde possible.*

6. L'univers est parfait, dans son essence infinie ; sans être la perfection absolue, il est *absolument parfait dans son genre.* Il représente le degré suprême de la perfection relative et efface toutes les perfections des êtres finis. Mais, quand on parle de la perfection du monde, il faut élever les yeux plus haut que notre terre ; il faut savoir tenir compte des conditions possibles des vies passées et futures de l'humanité terrestre, et de ses rapports avec les humanités des autres globes, qui toutes ne forment qu'une seule famille humaine.

64. Nous avons ainsi résolu la question de l'optimisme, qui ne pouvait être résolue dans les termes où elle était posée. Ses partisans et ses adversaires se fondaient également sur des dogmes religieux, c'est-à-dire, sur des hypothèses philosophiques. Les uns et les autres admettaient la création du néant ; et, sans distinguer entre l'essence du monde et

ses manifestations dans les globes finis, sans approfondir la nature et les rapports des infinis relatifs, ils rattachaient uniquement l'univers à l'intelligence et à la volonté de Dieu. A ce point de vue, tous avaient raison et tous avaient tort. Spinoza seul s'affranchit du dogme ; mais, par défaut d'analyse, il tomba dans un autre extrême.

En effet, si le monde, créé du néant, n'existe que dans la pensée divine, sans que Dieu puisse être considéré comme la raison de son essence, l'essence du monde et l'essence de Dieu, étant l'une en dehors de l'autre, sont nécessairement limitées l'une par l'autre. De là deux séries de conséquences, dont nous n'examinons ici que la première, celle qui se rapporte au monde. Du moment qu'on fait abstraction de l'essence, il est clair que l'existence du monde est toute fortuite, toute arbitraire, qu'elle dépend du bon plaisir de Dieu, qui a pu créer ou ne pas créer, et qu'on peut dès lors supposer une infinité d'autres mondes. Cette doctrine était reçue comme un dogme dans la philosophie ; on ne tenait pas compte de la protestation de Spinoza. Partant de ce prin- cipe, Malebranche et Leibnitz avaient raison de soutenir que Dieu, agissant avec une sagesse immuable, conformément à son être, avait dû choisir de tous ces mondes, le meilleur possible. Mais Fénelon et Bos- suet n'avaient pas tort d'objecter que, puisque Dieu a le choix, il peut toujours ajouter de nouveaux degrés de perfection à toute perfection déterminée, et qu'ainsi il ne peut jamais produire le plus parfait. Oserait-on dire qu'il y a un degré précis de perfection, au-dessus duquel Dieu ne puisse rien faire ?... On le voit, le problème ainsi posé, était insoluble. Les uns faisaient appel à la puissance et à la volonté de Dieu ; les autres, à sa sagesse et à son intelligence; et comme le monde n'avait rien de nécessaire en soi, toute la question se réduisait à savoir si la sagesse l'emporte sur la puissance, ou la puissance sur la sagesse.

Nous avons conservé l'une et l'autre : la sagesse divine, en admettant, avec Leibnitz et Malebranche, que le monde qui se développe avec le concours de Dieu, est, à chaque instant, dans ses conditions déterminées, le meilleur possible ; la puissance divine, en admettant, avec Fénelon et Bossuet, que Dieu peut sans cesse ajouter de nouvelles perfections au monde, dans son développement infini, sans jamais combler la distance infinie qui sépare la perfection relative des créatures de sa propre perfection.

Mais, en acceptant à notre point de vue les deux solutions opposées du problème, nous n'envisageons encore la question que sous l'une de ses faces, sous le rapport du temps. Car, ce n'est que dans le temps, c'est-à-dire dans la série infinie des formations et des transformations des globes célestes, que nous plaçons le domaine de la création et le gouvernement de la Providence. Le monde dans son essence n'a pas été créé. Sous ce rapport, nous sommes d'accord avec Spinoza, qui rattache l'existence du monde, non pas à l'intelligence ou à la volonté de Dieu, conçues d'une manière abstraite, mais à son essence même, ou plutôt à son essence tout entière. *Ex ipsa summa essentia et per ipsam et in ipsa sunt omnia.* Spinoza levait ainsi la principale difficulté, en supprimant le choix de Dieu. Le monde, d'après lui, est ce qu'il doit être, et existe de toute éternité. La question de l'optimisme devenait donc oiseuse, parce que Spinoza ne l'envisageait que sous le caractère de l'éternité, comme les autres Cartésiens ne l'envisageaient que sous le caractère du temps, où elle reste subsister. — Sans chercher à faire de l'éclectisme, par un simple examen de l'essence et de l'infinité de l'univers, nous avons combiné ces deux points de vue ; et, au point de vue du temps, nous avons encore concilié les opinions des partisans et des adversaires de l'optimisme.

CHAPITRE V.

DE L'INDIVIDUALITÉ.

COMBINAISON DU FINI ET DE L'INFINI DANS LES INFINIS RELATIFS.

——

Sommaire.

65. Nous avons démontré qu'il existe dans l'univers deux ordres de choses coordonnés et distincts, le monde physique ou la nature, et le monde spirituel ; que ces deux mondes sont également infinis, mais seulement infinis dans leur genre, par cela seul qu'ils sont distincts ou déterminés l'un par l'autre ; qu'ils contiennent ainsi un élément fini et supposent nécessairement un être ou une essence absolument infinie : un infini qui n'a plus rien de fini, mais qui est la raison de tout ce qui est. Nous devons appliquer ces principes à la question de l'individualité, l'une des plus difficiles de la philosophie, et jusqu'aujourd'hui la pierre d'achoppement de tous les systèmes fondés sur l'idée de l'être infini et absolu.

66. Il est manifeste que les individus sont des êtres finis. Mais, comme il n'existe point de fini absolu ou de néant ; comme, d'un autre côté, tout être fini a une essence, qui, considérée en elle-même, est infinie, il faut que les êtres finis ou les individus participent à l'infini dans un degré déterminé. Les individus sont nécessairement composés d'un élément fini et d'un élément infini. Mais, de ces deux éléments, ce n'est pas l'infini qui constitue leur individualité, puisque l'infini est la totalité de l'essence, et que l'essence, une et absolue, est commune à tous. C'est donc l'élément fini qui prédomine dans l'individualité : en d'autres termes, les individus sont des êtres *infiniment finis* ou déterminés. En effet, qu'on les observe en eux-mêmes, et l'on verra que leur nature répond exactement à cette définition. D'abord, c'est parce qu'ils sont finis qu'ils se laissent percevoir par les sens et par l'imagination, tandis que leur essence n'est conçue que par la raison. Ensuite, les sens nous les montrent comme finis ou déterminés de toutes parts : occupant dans l'espace une position précise, en longueur, hauteur et largeur; se développant dans le temps et dans la vie, selon des lois connues ; soutenant avec les êtres qui les entourent des rapports parfaitement sensibles. L'observation confirme donc la définition que nous venons de donner, et nous permet d'établir qu'il n'existe dans les individus aucune essence cachée qui reste à l'état d'indétermination, de sorte que la finité arrive en eux à son terme [1].

67. Maintenant, si l'individualité est constituée par un élément fini, il est évident qu'elle ne peut se montrer que là où le fini existe, c'est-à-dire, dans les infinis relatifs, dans le monde physique et dans le monde spirituel, dans les genres et dans les espèces (n° 21). En effet, nous ne voyons que des individus, des êtres singuliers (*singularia*) dans l'univers : dans le règne végétal, dans le règne animal, dans l'humanité; dans la nature, par les corps et les astres; dans le monde spirituel, par les esprits particuliers. Par cela seul que la nature et l'esprit

---

[1] Cf. Krause, *System der Philosophie*, partie synth., p. 451, s. M. Ahrens, *Cours de psychologie*, partie métaphys.

sont des infinis relatifs ou déterminés, ils ne manifestent leur infinité que sous la forme du fini, au lieu de la manifester d'une manière continue et indivisible, comme l'infini absolu. Mais de là résulte nécessairement l'existence d'une infinité d'individus, non-seulement dans le monde en général, mais dans chaque genre et dans chaque espèce en particulier, comme nous l'avons déjà constaté (n° 57). En effet, si un infini relatif, quel qu'il soit, se manifeste, comme relatif, sous la forme du fini, il faut nécessairement qu'il se montre, comme infini, dans une infinité de ces formes déterminées. Il ne peut être infini qu'à cette condition.

68. La combinaison, au point de vue du fini, des deux éléments contenus dans tout infini relatif, du fini et de l'infini, constitue le *principe de l'individualité*. Et comme cette combinaison est fondée sur l'essence même des infinis relatifs, qui doivent se déterminer intérieurement et exprimer leur essence dans une infinité d'êtres individuels, le principe de l'individualité est aussi un principe essentiel, c'est-à-dire éternel et nécessaire. L'individualité doit donc persister dans l'infinité du temps et de la vie. Il est absolument impossible qu'elle s'absorbe ou se perde dans l'indétermination de l'essence (n° 60).

D'où il suit que les êtres individuels ne sont, ni des émanations temporaires et successives de l'être, ni des formations arbitraires tirées du néant par l'intelligence et la volonté divines, mais des déterminations éternelles et impérissables contenues dans l'essence de tout infini relatif.

Comme déterminations finies de l'infini, les individus possèdent aussi tous les caractères du fini (n°ˢ 10-19). C'est surtout la notion du temps, du développement et de la vie qui leur permet de réaliser, d'une manière successive et continue, l'infinité de leur essence. Le temps et la vie sont des conditions essentielles de leur nature; et puisque cette nature est constituée, par un principe éternel, il faut de toute nécessité que son développement se poursuive dans l'infinité du temps et de la vie. — Nous arrivons ainsi à confirmer par la synthèse les principales vérités reconnues antérieurement dans l'analyse (nᵒˢ 14, 59).

Il est digne de remarque que Krause, le premier, a rigoureusement démontré le principe de l'individualité, qui renverse le panthéisme dans sa base, et révoque le divorce prononcé par le dualisme entre le fini et l'infini. En effet, le panthéisme est la doctrine de l'unité absolue sans déterminations intérieures et relatives; comme tel, il n'a jamais posé un principe d'individualité ; il ne peut pas admettre des êtres finis, même dans le temps, si ce n'est comme des modes ou des manières d'être de Dieu. A ce point de vue, le fini est absorbé dans l'infini. Le dualisme, au contraire, se fonde sur la distinction absolue du fini et de l'infini, sous la forme, plus ou moins voilée, du néant et de l'être. Dès lors, il n'y a plus de communion de vie et d'essence entre les êtres et Dieu, et les individus peuvent rentrer dans le néant d'où ils sont sortis. Le principe de l'individualité résout ces solutions contradictoires dans une vérité supérieure, en les dépouillant de leur caractère exclusif et erroné. Il rallie le fini à l'infini, qui est son essence, et dont il constitue une détermination intérieure, éternelle et nécessaire. Le caractère propre de cette doctrine est d'unir, sans confondre ; de distinguer, sans séparer.

69. L'individualité, ayant sa raison dans un infini relatif, espèce, genre ou monde, ne peut exister dans l'infini absolu. En effet, l'infini absolu possède, d'une manière absolue, tous les caractères de l'infini : il est absolument un, pur et simple (nᵒ 20). Aucune distinction, aucune détermination n'est donc possible dans son absolue simplicité : il est l'Être et l'essence, c'est-à-dire, tout être et toute essence, sans variété et sans division. Il exclut absolument toute finité, par conséquent, toute possibilité de se déterminer intérieurement sous la raison d'êtres individuels. C'est ce que confirme pleinement l'histoire du panthéisme. A cet égard, il n'y a point d'individualités en Dieu, conçu comme l'unité absolue ; il n'y a point d'êtres divins, parce qu'il n'existe dans l'infini absolu, comme tel, aucun principe de détermination.

Mais, si l'infini absolu est, d'une manière indivisible, toute essence et toute réalité, sans être rien de particulier ou de fini, il est aussi la raison des infinis relatifs qu'il contient en soi et qui se déterminent intérieurement comme individus (n°s 7, 65); il enveloppe leur essence, qui est divine, et qui est réalisée par les êtres individuels, puisqu'il est l'unité absolue de l'être et de l'essence. Considéré dans le rapport particulier de raison et de cause, Dieu est distinct du monde et des êtres finis, par conséquent, infiniment au-dessus de tout ce qui est déterminé (n° 45).

Ces deux points de vue, sous lesquels nous envisageons ici l'infini absolu, sont absolument indivisibles en Dieu, mais constituent deux modes distincts de son existence par rapport au monde (n° 81). Sous le premier aspect, il embrasse en soi toute essence; il est tout, sans être rien de manifeste ou d'actuel; il est le Dieu caché, le Dieu inconnu, qui est partout et qui n'est nulle part, et qui, comme tel, ne peut pas non plus se montrer dans la détermination de la vie et de l'individualité. Sous le second aspect, au contraire, c'est-à-dire, considéré dans un des rapports qui se trouvent dans son essence absolue et indéterminée, il est au-dessus du monde, par conséquent, distinct du monde; il est l'Être suprême et souverain. Ce mode d'existence de Dieu, comme Être suprême, est constitué par la raison absolue, par le λόγος ou le verbe, dans le sens platonicien (n° 81). En effet, nous avons vu que la raison, dans l'humanité, est une essence suprême et souveraine, distincte de l'esprit et du corps (n° 48). Il en est de même dans l'univers : la raison est supérieure au monde physique et au monde spirituel, et les gouverne par ses lois, ses principes, ses idées, qui sont réellement le type absolu des êtres et des choses (n° 45), conformément à la doctrine de Platon et des principaux pères de l'église.

Or, ce mode d'existence de Dieu comme Être suprême ou comme raison, par cela seul qu'il exprime un rapport particulier et relatif au monde, distinct de tout autre rapport et de tout autre mode de l'existence, doit aussi se déterminer intérieurement sous la forme d'individualités. Quoique absolue en elle-même, dans le monde des idées et des lois, la raison est un infini relatif à l'égard de tout ce qui n'est pas elle. Elle porte donc en soi un principe éternel de détermination, et doit, comme la nature et comme l'esprit, contenir une infinité d'êtres finis : ces êtres sont les raisons particulières, les raisons humaines. La raison absolue renferme donc une infinité de raisons finies, dont chacune manifeste encore l'infinité de son essence générique, comme chaque rayon manifeste l'essence infinie de la lumière [1].

70. Nous avons reconnu jusqu'ici trois genres d'individualités, les esprits, les corps organisés et les raisons, comme déterminations intérieures et finies du monde spirituel, du monde physique et du monde absolu des idées et des lois. Toutes ces individualités sont contenues dans un infini relatif et résultent de la combinaison d'un élément infini et d'un élément fini. Il n'existe dans le monde aucun être qui ne soit compris dans l'un ou l'autre de ces genres. Il y a plus. Comme chaque individualité possède une essence, qui constitue son unité et manifeste l'essence absolument infinie ; comme, d'une autre part, l'essence absolue enveloppe, d'une manière indivisible, toute essence, soit physique, soit spirituelle, soit rationnelle, il faut aussi que ces trois genres d'essences se montrent dans tous les individus, à quelque ordre qu'ils appartiennent (n⁰ˢ 20, 69, 81).

Du reste, ils peuvent se combiner sous des lois diverses, et constituent alors les différents règnes des êtres finis. Ces lois sont celles de la vie : l'unité, la variété et l'harmonie (n° 45). Et comme l'unité, sous

---

[1] C'est à ce point de vue qu'il faut résoudre, selon nous, la question de la personnalité ou de l'impersonnalité de la raison humaine. Cette question est de la plus haute importance. Car, si la raison est purement personnelle à l'homme, il n'existe plus pour lui de vérité absolue, de certitude, de loi ; si elle est purement impersonnelle, au contraire, il n'existe plus de rapport rationnel de l'homme à Dieu ; c'est Dieu seul qui connaît en nous. Quoique conçue d'une manière exclusive dans l'école de M. Cousin, la doctrine de l'impersonnalité de la raison est un des plus beaux résultats du développement de la philosophie moderne, provoqué par le scepticisme de Kant. La théorie de l'individualité combine les deux solutions contraires, en considérant la raison humaine comme un organe ou une détermination particulière de la raison absolue.

la forme de la nécessité et de l'union, est l'attribut principal de la nature (n° 49), les individus qui vivent sous cette loi sont aussi déterminés comme des êtres physiques, indissolublement unis à la vie de la nature : ce sont les plantes. D'un autre côté, comme la variété, sous la forme de la division et de la spontanéité, est l'attribut principal de l'esprit, les individus qui vivent sous cette loi sont aussi déterminés comme des esprits égoïstes et mobiles, dépourvus de raison, obéissant à l'instinct : ce sont les animaux. Enfin, comme l'harmonie, sous la forme de l'ordre et du nombre (n° 54), est l'attribut principal de la raison manifestée dans l'union de l'esprit et de la nature, les individus qui vivent sous cette loi sont aussi déterminés comme des êtres raisonnables, en communion de vie avec tous les domaines de la réalité, et les régissant d'après les lois de l'ordre absolu : ce sont les hommes. L'humanité est de droit, par la raison, l'être souverain de la création.

71. De ces principes on peut déduire une série indéfinie de conséquences, dont nous donnerons les principales :

1. Tous les individus de même espèce sont unis à leur tout par l'identité d'essence. Ils possèdent toute l'essence de leur espèce à un point de vue déterminé et doivent la réaliser tout entière et successivement, dans l'infinité du temps et de la vie, à ce point de vue particulier (n°⁵ 12, 14, 59).

2. Ils sont encore liés entre eux par la ressemblance, fondée sur cette identité d'essence, et forment ainsi une société, un système d'êtres de même nature, que l'on distingue en classes, ordres, familles, genres, espèces, etc.

3. Envisagés dans la diversité de leurs espèces et de leurs genres, les individus constituent les puissances de la finité. De même que l'infini se montre à divers ordres (n° 23, s.), de même le fini se manifeste sous des formes de plus en plus finies. Mais cette série doit avoir un terme dans la petitesse et, par conséquent, dans la grandeur, parce que, dans l'application des catégories, le fini doit aussi se rapporter au fini (n° 54), comme l'infini se rapporte à l'infini dans l'infini absolu.

4. De cette application du fini au fini résulte la catégorie de la grandeur ou de la quantité, soit discrète, soit continue, comme principe des mathématiques.

5. Si l'on applique de nouveau l'infini à cette grandeur finie ou à l'individualité, on obtient, d'une part, la déterminabilité infinie de son essence, et d'une autre, son développement en une série infinie, et la divisibilité infinie de sa quantité. De là, l'existence de quantités infiniment petites, qui n'ont plus aucune grandeur assignable, aucune forme finie (n° 50).

6. Dans les quantités infiniment petites, on peut de nouveau introduire l'idée de la puissance, et déterminer ainsi leurs différents ordres (n° 52).

7. Les puissances du fini et de l'infiniment petit soutiennent entre elles des rapports de proportion et de disproportion. Tous les termes d'une puissance ou d'un ordre quelconque sont égaux entre eux, et comme ils sont infinis en nombre (n° 55), on peut établir entre eux une série infinie de rapports d'égalité, ou une progression arithmétique infinie.

8. De là résulte l'existence d'une infinité d'infinités de rapports et de combinaisons possibles entre les termes infinis en nombre d'une même puissance ou d'un même ordre ; et l'existence de nouvelles infinités d'infinités de rapports et de combinaisons possibles entre les infinis de divers genres ; et ainsi de suite à l'infini. L'univers présente, dans sa vie infinie, le développement successif de toutes ces infinités d'infinités de rapports et de combinaisons (n° 56) [1].

72. La question de l'individualité a été vivement agitée au moyen âge, surtout par Abailard, et devait, en effet, se présenter dans le développement de la philosophie chrétienne. Cependant, elle ne reçut pas, à cette époque, une solution scientifique. L'individualité fut admise comme un fait, et non comme la conséquence d'un principe. Le

---

[1] Cf. Krause, *System der Philosophie*, partie synthétique, p. 454-469.

premier qui ait osé protester contre ce fait est Spinoza. L'auteur de
l'*Éthique*, partant de la substance absolument infinie, et ne découvrant
en elle aucune détermination finie et particulière , développa le monde
et les êtres finis comme les attributs et les modes de Dieu (n°⁵ 25, 84).
On l'accusa d'athéisme : il était panthéiste. Cependant la philosophie
était mise en demeure de répondre. Leibnitz publia sa belle théorie des
monades.

Les monades sont des substances simples et individuelles, des forces
vivantes, dans lesquelles Dieu a déposé une impression durable et per-
manente, une loi interne (*lex insita*), en vertu de laquelle elles agissent
et pâtissent. Chaque monade, en vertu de son individualité, est représentative de l'univers d'une manière toute spéciale. Elle est environnée
d'une infinité d'autres monades qui composent son *corps*, et dont elle
est le centre et l'entéléchie. Le corps est formé des monades inférieures,
dépourvues de perceptions. Mais il y a une infinité d'autres degrés dans
les monades. Les unes sont douées de perceptions confuses, de sentiment et de mémoire, ce sont les *âmes* ; les êtres qu'elles constituent
sont les animaux. Les autres sont douées de perceptions claires, accom-
pagnées de conscience et de raison : ce sont les *esprits*, dont chacun
est comme une petite divinité dans son département. C'est pourquoi, les
esprits sont capables d'entrer dans une sorte de société avec Dieu ; ils
forment la cité de Dieu, c'est-à-dire le plus parfait état qui soit possible
sous le plus parfait des monarques [1].

Il est incontestable que Leibnitz a reconnu dans la monade le principe de l'individualité. Aussi déclare-t-il que, non-seulement les âmes,
mais encore les animaux sont ingénérables et impérissables : ils ne sont
que développés, enveloppés, revêtus, dépouillés, transformés ; les âmes
ne quittent jamais tout leur corps, et ne passent point dans un autre
qui leur soit entièrement nouveau ; de sorte qu'il y a métamorphose pour elles, mais non métempsychose. Leibnitz est tellement con-

[1] *La monadologie ; Principes de la nature et de la grâce ; De la nature en elle-
même.*

vaincu de l'importance de ce principe qu'il le regarde comme le plus puissant moyen de repousser le panthéisme, « détestable doctrine, récemment apportée ou renouvelée par un écrivain subtil mais profane. » Cependant il n'a point, comme cet écrivain subtil mais profane, ramené les choses à l'essence même de Dieu, ni par conséquent établi l'individualité comme un principe éternel. Il pense que les monades commencent par création, et qu'elles peuvent aussi finir par annihilation [1]. C'est la conséquence de sa conception du monde, rattaché, d'une manière abstraite, à l'intelligence et à la volonté de Dieu (n° 64).

En opérant une nouvelle réforme de la philosophie, Krause a complété la doctrine de Leibnitz, au point de vue de l'essence. L'ère du panthéisme est terminée sans retour.

---

[1] *Monad.*, 6 ; *De la nat...,* 8 ; *Princ. de la nat...* 6.

CHAPITRE VI

DE L'INFINI ABSOLU OU DE DIEU

—

Sommaire.

73. Nous avons examiné jusqu'ici les infinis relatifs, que nous avons distingués en ordres et en genres, sous le rapport de la quantité et de la qualité, et que nous avons ensuite combinés dans l'univers et dans les individus. Il nous reste à franchir le dernier degré dans l'échelle de l'infini. De l'univers nous devons nous élever jusqu'à Dieu, en nous appuyant sur tout le travail analytique qui précède.

Puisque l'infini se résout dans l'essence, et que l'essence suppose un être auquel elle appartienne, l'infini absolu est l'essence absolument infinie, ou l'Être absolument infini, c'est-à-dire Dieu (nos 19, 20).

74. Dieu existe-t-il ? La question ne peut être posée que par celui qui

ne s'est pas bien rendu compte de ce qu'il demande. Qu'est-ce en effet que l'infini absolu? C'est l'infini en toutes manières et sous tous les rapports, l'infini qui n'est plus borné à un genre, ni relatif à d'autres infinis où il trouve sa limite, qui, par conséquent, ne contient plus aucun élément fini, rien de privatif ou de négatif. L'infini absolu n'est pas tel ou tel infini, mais l'infini pur et simple, sans aucune restriction. Comme tel, il embrasse essentiellement tous les infinis relatifs, non pas comme relatifs, c'est-à-dire avec leurs limitations réciproques, mais comme infinis, c'est-à-dire dans tout ce qu'ils ont de positif et de réel. S'il existait quelque chose d'essentiel hors de lui, il ne serait plus l'infini absolu, car il aurait rencontré sa limite. — Maintenant, que fait-on en demandant si un être existe? On distingue entre la pensée de l'être et sa réalité, entre un sujet et un objet, un intérieur et un extérieur. Cette question peut être soulevée à l'égard d'un être fini ou d'un infini relatif, parce qu'il est limité dans son essence par d'autres essences qui sont en dehors de lui (n° 5). Mais elle ne peut l'être à l'égard de l'infini absolu, qui, n'étant limité à aucun genre, mais embrassant dans son essence tout ce qui est réel et positif, est au-dessus de toute distinction entre un intérieur et un extérieur. L'infini absolu n'est extérieur à rien. Donc, on ne peut pas demander s'il existe, car ce serait se poser en dehors de lui, ce serait le limiter.

Agiter la question de l'existence de Dieu, c'est supposer qu'il pourrait ne pas exister. Or, il est impossible qu'il n'existe pas, parce que rien n'est possible que par lui (n° 17).

En effet, la limite du possible pour un être quelconque est donnée par son essence. Tout ce qui est contenu dans l'essence est possible, mais seulement ce qui y est contenu. La limite de l'essence même, ou la possibilité de son existence et de ses rapports, est de nouveau donnée par l'essence supérieure qui la contient en soi; de sorte qu'une essence quelconque n'est possible qu'autant qu'elle puisse être fondée sur une essence supérieure, à l'égard de laquelle elle est finie. L'essence de l'homme, par exemple, n'est possible que par l'humanité, comme l'humanité n'est possible que par l'univers, dans ses deux mondes opposés, et par la raison qui les domine. Mais l'univers est l'ensemble de tous les genres d'infinis relatifs et de leurs combinaisons ; il ne comprend que des infinités particulières, qui se limitent mutuellement ; son essence n'est donc possible encore que par une essence supérieure qui soit complétement ou absolument infinie. Donc, rien n'est possible que par Dieu ; en d'autres termes, s'il existe quelque chose, Dieu existe. Le nier, c'est encore affirmer son existence, car c'est poser un acte qui n'est possible que par lui.

A l'égard de cette essence supérieure, on ne peut plus soulever la question de la possibilité de son existence, par cela seul qu'elle est absolument infinie, et qu'ainsi elle ne peut être contenue dans une autre essence plus infinie, qui la rendrait possible. Deux infinis absolus sont contradictoires. L'un détruirait l'autre. Donc, non-seulement Dieu existe, mais il existe nécessairement.

L'idée de la raison conduit au même résultat, et de plus permet de déterminer la nature de Dieu. En effet, tout ce qui est fini a une raison de son existence : le fini ne se soutient que par l'infini (n° 7). On peut donc demander la raison de tout ce qui est fini, à quelque titre d'ailleurs qu'il le soit, par conséquent aussi des infinis relatifs. Quelle est donc la raison des divers genres d'infinis relatifs que présente l'univers ? Sera-ce un infini d'un genre particulier ? Alors nous n'avons encore qu'un infini déterminé ou relatif, et l'on peut de nouveau demander sa raison. Cette raison sera-t-elle un second, un troisième infini d'un degré supérieur, mais toujours renfermé dans un genre ? Rien ne s'oppose à cette supposition ; mais il est certain que cette série de raisons a un terme, puisqu'elle n'engendre jamais que des infinis relatifs qui, comme tels, se confondent avec l'univers et supposent toujours une raison dernière, absolument infinie. Dès lors, nous pouvons établir en deux points l'existence de Dieu : d'abord, tous les infinis relatifs de l'univers, étant limités les uns par rapport aux autres, ont nécessairement une raison supérieure de leur existence ; en second lieu, cette raison supérieure est nécessairement une essence absolument infinie, c'est-à-dire Dieu [1].

Le raisonnement que nous venons de faire par rapport à l'univers s'applique à toute réalité, quelle qu'elle soit, et doit toujours conduire à une raison dernière, qui est l'infini absolu.

75. Dieu est donc la *raison dernière* du monde et de tout ce qui est, des esprits et des corps, de l'espace et de la durée, de l'animalité et de l'humanité, du monde physique et du monde spirituel, en un mot de tout être et de toute réalité. Il est même la raison de l'idée de la raison, à l'aide de laquelle nous avons établi son existence. C'est donc par Dieu que nous avons posé Dieu. Si Dieu n'était pas, nous ne pourrions pas chercher à le connaître. Aussi notre raisonnement, semblable en cela à toutes les preuves qu'on a données de l'existence de Dieu, n'est-il pas une démonstration syllogistique. Dieu ne peut pas se démontrer ; car il faudrait poser une majeure plus générale et plus haute que Dieu même. Mais il n'a pas besoin de démonstration, puisqu'il se prouve et s'annonce lui-même dans tout ce qui est; puisqu'il est nécessairement, et qu'on ne peut pas même soulever la question de la possibilité de son existence. Cette question ne peut s'agiter que dans la théologie vulgaire, parce qu'elle conçoit Dieu, non comme l'Être de toute essence et de toute réalité, mais comme un être particulier, isolé du monde. La philosophie est aujourd'hui plus religieuse que la théologie.

76. Quelle est la nature, quels sont les attributs de Dieu?

Dieu est *l'Être*. Il n'est pas *un être*, à la manière des créatures : car, qui dit un être, dit tel ou tel être, et en laisse supposer d'autres. Mais puisque Dieu est la raison suprême de tout être et de toute réalité, il n'est pas un être, il est l'Être, l'être sans restriction et sans bornes. C'est le ὄντως ὄν de Platon et d'Aristote.

L'être est constitué par l'*essence*, qui est la divinité. L'essence divine

[1] Cf. M. Ahrens, *Cours de psychologie*, partie métaph.—M. Bouchitté, *Histoire des preuves de l'existence de Dieu*. Krause, *System der Philosophie*, p. 209-228. Mon *Essai sur la génération des connaissances humaines*, part. hist., 2ᵉ époq., ch. 5.

n'est pas non plus telle ou telle essence, mais l'essence de toute essence, l'essence pleine et entière, sans division et sans limites. Cette essence est nécessairement *une*. Il est impossible de concevoir deux êtres qui soient également tout être et toute essence. Mais l'unité divine n'est pas seulement une unité numérique ; elle est avant tout une unité essentielle. Il n'y a qu'une seule et même essence, c'est l'essence divine. Et comme telle, l'essence divine est absolument simple, indivisible, éternelle, immuable, parfaite, c'est-à-dire, au-dessus de toutes les conditions de décomposition, de division, de temps, de changement, de développement et de progrès, qui n'appartiennent qu'aux êtres finis et aux infinis relatifs, en tant que finis (n°° 10-19).

77. Les deux attributs fondamentaux de Dieu sont l'*infini* et l'*absolu*.

L'infini et l'absolu manifestent l'unité de l'essence divine sous deux faces distinctes. L'infini la représente comme totalité ; l'absolu, comme raison déterminante de ce qui est en elle, c'est-à-dire, comme ne dépendant d'aucune condition, ni d'aucune raison autre qu'elle-même.

Nous voyons ici que nous avions le droit, dans la partie analytique, de résoudre l'infini dans l'essence, puisqu'il la montre, en effet, sous l'une de ses faces principales, comme totalité (n°° 4, 5).

De plus, nous avons constaté que les attributs d'infini et d'absolu appartiennent également à l'essence des êtres finis, mais qu'ils ne constituent jamais que des infinis relatifs et des absolus limités à un genre particulier. Nous comprenons encore ici la raison de cette présence de l'infini et de l'absolu dans les êtres finis. En effet, puisqu'il existe nécessairement un infini absolu qui embrasse essentiellement tous les infinis relatifs, il ne peut y avoir qu'une seule essence et qu'un seul être. Or, la présence de l'infini et de l'absolu dans les êtres finis démontre précisément cette unité fondamentale de l'essence. Tous les êtres sont un par l'essence, c'est-à-dire, par l'infini et l'absolu qui sont en eux. De sorte que, si l'on pouvait prouver qu'il existe un être ou une réalité quelconque qui fût absolument finie, qui ne participât en aucune manière aux caractères de l'infini et de l'absolu (n° 3), on aurait par cela seul renversé l'unité d'essence, et proclamé le dualisme, sous la forme de l'être et du néant. L'être et le néant sont les principes radicaux du dualisme ; car le néant, s'il n'est pas un vain mot, suppose nécessairement une restriction dans l'être.

Mais, si Dieu est l'Être infini et absolu, il ne l'est pas, encore une fois, à la manière des êtres finis, qui ne sont infinis et absolus que dans leur genre. Dieu est au-dessus de tous les genres et de toutes les espèces : il est un, et, dans son unité, il embrasse essentiellement tout ce qui est. On doit donc, pour le distinguer des êtres finis, ajouter à son infinité le caractère de l'absolu, et à l'absolu le caractère de l'infini. Dieu n'est pas seulement l'Être infini et absolu, ce qui peut se dire aussi, à certains égards, des êtres finis, mais il est *l'Être absolument infini et infiniment absolu.*

78. Comme infini absolu, Dieu n'est pas non plus une *puissance* de l'infini immédiatement supérieure à la plus haute puissance des infinis relatifs ; car, comme tel, bien qu'il serait déjà infiniment au-dessus de tous les ordres d'infinis, il ne serait encore qu'un infini mathématique et relatif. Dieu n'est pas une puissance particulière de l'infini, mais l'infini tout entier, sans aucune limitation de genre, d'ordre, d'espace ou de durée ; l'infini, conçu comme unité, au-dessus de l'infinité de ses genres et de ses ordres, au-dessus de l'infinité des infinités d'êtres, de leurs combinaisons et de leurs rapports. Les expressions manquent pour rendre la plénitude de l'infini absolu.

79. Comme infini absolu, Dieu est encore la perfection absolue et la source de toutes les perfections relatives. Car les degrés de la perfection sont en raison directe de l'ordre des essences (nᵒˢ 15, 43, 53). Or, toute essence étant de l'essence divine, ne peut être parfaite qu'autant que Dieu soit parfait. Toute perfection vient de Dieu, qui est lui-même, dans la simplicité de son être, la perfection une et entière. Seul il est infiniment et absolument parfait, sans relation à d'autres essences et à d'autres perfections, qui n'existent pas à son égard, mais de la propre perfection de son essence (nᵒ 20).

12.

80. Examinons maintenant les rapports généraux de Dieu avec le monde et les êtres finis, de l'infini absolu avec les infinis relatifs.

Le principe fondamental de ces rapports est donné par la nature même de l'infini absolu. Nous devons y revenir, car ce point est le nœud des principales difficultés que présente la métaphysique. L'analyse presque mathématique que nous avons faite de l'infini, jettera peut-être quelques lumières nouvelles sur ce problème. Nous ne parlerons que des rapports ontologiques, des rapports d'être et d'essence, auxquels du reste tous les autres peuvent se ramener.

« L'infini absolu, disons-nous, est nécessairement tel que, sans être un infini relatif, il embrasse essentiellement tous les infinis relatifs en soi, non comme relatifs, mais comme infinis. » — Expliquons-nous.

1. — L'infini absolu, d'abord, n'est pas un infini relatif. Cela est évident. Il en résulte qu'il est infiniment au-dessus des infinis relatifs ; en d'autres termes, que Dieu est infiniment au-dessus du monde et des êtres finis, et qu'il ne peut jamais être absorbé en eux (nᵒˢ 27, 43, 53).

2. — L'infini absolu embrasse tous les infinis relatifs en soi. Il est leur raison, et son essence enveloppe leur essence. En effet, infini absolu signifie infini en toutes manières et sous tous les rapports, sans aucune limitation possible, sans distinction d'ordres et de genres. Dès lors, il est évident qu'il ne peut exister rien d'essentiel en dehors de l'infini absolu, puisqu'il y trouverait sa limite. Donc, tous les infinis relatifs sont en lui. En d'autres termes, Dieu embrasse en soi l'univers et tous les êtres finis, les esprits et les corps, tout ce qui est réel et positif. Il n'y a qu'une seule essence, c'est l'essence divine, et un seul Être, c'est Dieu. Et cet Être, bien qu'il enveloppe le monde dans son essence, n'y est pas contenu, puisque nous venons d'établir sa supériorité infinie sur le monde.

3. — Mais comment l'infini absolu comprend-il en soi tous les genres d'infinis relatifs ? Puisqu'il est infini d'une manière absolue, il est clair qu'il ne peut contenir aucun élément fini. Dès lors, ce n'est pas le caractère fini des infinis relatifs qu'il embrasse, mais leur caractère

infini; ce n'est pas leur genre, leur différence, c'est-à-dire leur limitation, mais leur essence. Toute supposition contraire est fausse : car si l'infini absolu n'enveloppe pas l'essence des infinis relatifs, il cesse d'être infini d'une manière absolue : il n'y a plus d'unité d'essence ; et s'il embrasse leur limitation et leur finité, il prend un caractère négatif et fini, et devient un infini relatif. Donc, s'il comprend nécessairement en soi tous les infinis relatifs, ce n'est pas comme relatifs, mais comme infinis. En d'autres termes, Dieu enveloppe en soi le monde et tous les êtres finis, non comme finis, mais comme êtres et comme essences ; non dans ce qui appartient à leur finité, avec ses conséquences possibles, le mal, l'erreur, la haine, mais dans ce qui appartient à leur infinité, dans la vérité, dans le bien, dans l'amour, en un mot dans tout ce qui est réel et positif en eux.

81. Toute la théorie des rapports de Dieu avec le monde et les êtres finis repose sur ces principes. Nous allons en déduire les conséquences principales.

1. — Puisque Dieu est absolument un et indivisible, on ne peut établir aucune division d'essence en lui ; il n'y a point de diversité d'essence à l'égard de Dieu, mais seulement à l'égard du monde et des êtres finis, en tant que finis. Par conséquent, établir en Dieu une division, une antithèse ou une opposition quelconque, c'est sortir de l'unité absolue, qui constitue l'être, et tomber dans le domaine de l'univers (nos 5, 56). Car toute opposition, comprenant au moins deux termes, les distingue entre eux et les limite l'un par l'autre. Aussitôt qu'on pose l'infini et l'absolu, comme deux attributs coordonnés, comme une antithèse en Dieu, on pose donc deux infinités relatives, on pose l'univers, dans ses deux faces coordonnées, dans le monde physique et dans le monde spirituel. En effet, qu'on interroge la constitution de ces deux mondes opposés, et l'on pourra se convaincre qu'ils représentent exactement, l'un, le caractère infini de l'essence divine, sous la forme de la totalité, de l'enchaînement et de la nécessité ; l'autre, le caractère absolu de la divinité, sous la forme de la causalité propre, de

la spontanéité et de la liberté [1]. Mais les caractères qui distinguent l'esprit et la nature ne s'excluent pas absolument; ils ne se montrent en eux que d'une manière prédominante : ce sont deux manifestations distinctes d'une seule et même essence, puisque toutes deux sont fondées sur l'être et que l'univers est un. Il en est de même de tous les êtres que renferme l'univers. Tous sont contenus dans l'unité de son essence, et la manifestent à des degrés divers (n° 70).

En comprenant l'univers, dans le monde physique et dans le monde spirituel, comme l'expression des attributs divins de l'infini et de l'absolu, nous voyons la raison de son unité et de son infinité. L'univers est un, parce qu'il n'y a qu'un Dieu. Nous voyons en même temps que cette infinité doit être relative, puisque l'infini et l'absolu sont les deux manifestations opposées de l'unité absolue de l'essence divine.

2. — Dieu est la raison du monde et des êtres finis. Tous les êtres sont contenus en Dieu sous le caractère de l'éternité : *In Deo sumus, vivimus et movemur*. De plus, tous les êtres, puisqu'il n'y a qu'une seule et même essence, réalisent en Dieu l'essence divine, sous des modes divers. C'est par ce motif que leur essence est infinie, éternelle, immuable, nécessaire, parfaite, comme nous l'avons constaté dans l'analyse, et qu'elle doit être développée par eux dans l'infinité du temps et de la vie. Ainsi, tout est en Dieu, comme raison suprême et dernière de tout ce qui est. On peut dire aussi que Dieu est dans le monde et dans les êtres finis, mais il faut alors distinguer entre l'essence des êtres et leur finité relative. Dieu est dans le monde et dans les êtres finis d'une manière essentielle, c'est-à-dire, par son essence qui enveloppe toute essence. Il ne peut donc jamais être séparé du monde et des êtres, dans le sens du dualisme. Il habite en nous, dit saint Augustin. Il est en tout, partout, et tout est de lui, par lui et en lui, comme le démontre Anselme. Et Spinoza déclare qu'il est la cause immanente de toutes choses : *Deus est omnium rerum*

---

[1] M. Ahrens a traité cette question à fond dans la partie métaphysique de son *Cours de philosophie*, t. II, p. 188-193.

causa immanens. Dieu est à cet égard, par ses rapports avec les êtres, la vie universelle, et la source de toute vie.

. 3. — Mais il n'est pas seulement la raison éternelle et immanente du monde et des êtres finis, il en est aussi la cause transcendante et temporelle. En effet, comme raison absolument infinie de tout ce qui est, Dieu est infiniment au-dessus, par conséquent, distinct du monde. L'univers ne peut le contenir : il ne présente que la combinaison des infinis relatifs, tandis que Dieu est l'infini absolu, infiniment et absolument distinct de tout ce qui est fini. Or, c'est sur cette distinction et cette supériorité infinie que se fonde la causalité : dans l'idée de la raison le contenant et le contenu forment un seul et même tout, et sont indissolublement liés entre eux ; la séparation est impossible, la distinction peu prononcée ; dans la causalité, au contraire, la distinction s'achève et s'exprime aussi dans deux termes opposés, la cause et l'effet. La raison est un principe d'immanence ; la causalité, un principe de transcendance. Prises isolément, l'une conduit rigoureusement au panthéisme ; l'autre, au dualisme [1] (n° 7).

Nous devons concevoir Dieu à la fois comme la raison et comme la cause du monde. Le domaine de la raison est l'essence une et entière, sans distinction et sans parties. Le domaine de la causalité est la supériorité infinie de Dieu, comme cause, sur le monde, comme effet. La causalité divine ne s'exerce donc pas sur l'essence même du monde, qui est divine, mais sur la succession infinie de tous les mondes possibles, se développant, dans l'infinité du temps et de l'espace, sur la base de l'essence divine, éternelle (n°° 62, 65). Dieu dirige toutes choses, avec intelligence et sagesse, comme Providence, et les dispose à chaque instant dans l'ordre le plus convenable pour chacun et pour tous.

C'est à ce titre qu'il est l'Etre suprême et souverain, infiniment et absolument distinct du monde et des êtres finis [2] (n° 69).

---

[1] Cf. M. Bouchitté, *Hist. des preuves de l'exist. de Dieu*, p. 54-69.
[2] Cette conception de Dieu, peu connue des anciens, et repoussée par le panthéisme, a été spécialement développée par la philosophie chrétienne. Saint-Denis

4.—Dieu est avec les êtres dans le même rapport que les êtres sont avec lui (n°s 45, 48, 70). Il les connaît, les aime et les désire en proportion directe de leur perfection relative, c'est-à-dire selon le degré de leur participation à la perfection divine. Dieu est donc dans un rapport infiniment plus élevé et plus intime avec l'humanité qu'avec les animaux et les plantes. Il s'ouvre à l'homme dans la raison, par une révélation éternelle et nécessaire [1] qui éclaire tout homme à sa venue en ce monde, *illuminat omnem hominem venientem in hunc mundum.* Et puisqu'il existe aussi une subordination infinie, mais temporelle, entre ceux qui s'abandonnent d'une manière absolue à la recherche et à la pratique du vrai, du beau, du bon, du juste, et ceux qui les négligent ou ne les poursuivent que pour eux-mêmes, Dieu s'ouvre aussi infiniment plus aux premiers, qui sont ses prophètes, ses apôtres, ses élus, les hommes marqués du sceau du génie ou de la charité. Mais cette préférence, purement temporelle, peut être effacée par un retour volontaire de l'homme vers des idées et des sentiments plus divins.

Malebranche a admirablement esquissé cette théorie. Dieu aime, nécessairement davantage, dit-il, les êtres qui participent davantage à ses perfections. Il aime donc et estime davantage, par exemple, l'homme que le cheval, l'homme vertueux et qui lui ressemble que l'homme vicieux qui défigure l'image qu'il porte de la divinité... L'ordre éternel, immuable et nécessaire, qui est entre les perfections que Dieu renferme dans son essence infinie, et auxquelles participent inégalement tous les êtres, est donc la loi éternelle, nécessaire, immuable. Dieu même est obligé de la suivre, mais il demeure indépendant, car il n'est obligé de la suivre que parce qu'il ne peut ni errer

---

l'Aréopagite dit que Dieu est *supra omnia, tanquam ante omnia superessentaliter superexistens.* Scot Erigène dit également qu'il produit toutes choses *de sua superessentialitate.* Jean de Damas l'appelle οὐσία ὑπερούσιος. Krause lui consacre le terme de *Urwesen,* que Schelling a fait passer, en le modifiant en peu, dans la dernière phase de sa doctrine.

[1] Cf. Cousin, préface des *Fragments philosophiques.* M. Bouillier, *Théorie de la raison impersonnelle,* ch. 13.

ni se démentir, avoir honte d'être ce qu'il est, cesser de s'estimer et aimer toutes choses à proportion qu'elles participent à son essence. Rien ne l'oblige à suivre cette loi que l'excellence immuable et infinie de son être, excellence qu'il connaît parfaitement et qu'il aime invinciblement. Dieu est donc juste essentiellement et la justice même, et la règle invariable de tous les esprits, qui se corrompent s'ils cessent de se conformer à cette règle, c'est-à-dire s'ils cessent d'aimer et d'estimer toutes choses à proportion qu'elles sont estimables et aimables, à proportion qu'elles participent davantage aux perfections divines [1]. »

5. — Tout en contenant en soi les infinités d'êtres finis, de leurs combinaisons, et de leurs perfections relatives, Dieu ne contient cependant aucun élément fini ou imparfait. Il enveloppe les êtres essentiellement, c'est-à-dire dans leur essence, dans leur caractère infini, absolu et parfait. A cet égard, aucune distinction n'est possible entre les esprits et les corps, entre le monde physique et le monde spirituel. L'infini absolu embrasse tous les infinis relatifs, quels qu'ils soient, non comme relatifs, mais comme infinis. Tous les philosophes qui ont un peu approfondi la nature de Dieu, comme être infini, ont reconnu ce fait, sans toutefois le ramener à son principe (n° 85).

6. — Mais, de ce que Dieu enveloppe en soi toute essence et toute réalité, il ne suit pas, comme on l'établit dans la théorie des causes occasionnelles et de l'harmonie préétablie, qu'il soit la seule cause agissante et déterminante. La liberté des êtres appartient à un autre point de vue de l'essence, et découle de l'absolu (n°° 18,77). En effet, elle consiste, pour les êtres finis, dans la détermination propre ou l'autonomie, c'est-à-dire, dans la faculté qu'ils possèdent de se développer spontanément. Cette spontanéité est le caractère de l'absolu ; elle est, comme l'infini, la marque de Dieu sur son ouvrage. Sans doute, Dieu seul est infiniment absolu et infiniment libre ; mais, par cela même qu'il est, d'une manière indivisible, toute essence et toute réalité, il

---

[1] *Entretien d'un philosophe chrétien avec un philosophe chinois.* Édit. Charp., t. I, p. 492. Cf. M. Bouillier, *Théorie de la raison impersonnelle*, ch. 10.

a aussi imprimé sur tous les êtres le cachet de ses attributs, et les a constitués libres (n°ˢ 44,46). En vertu de leur liberté, les êtres sont donc absolus dans leur sphère, comme ils sont infinis dans leur genre, par la totalité de leur essence.

Chaque être, à ce point de vue, possède un certain degré de liberté, en tant qu'il participe à l'absolu. Mais l'absolu présente la même gradation que l'infini : tous les êtres ne sont pas également libres. La liberté se montre particulièrement dans le domaine de l'esprit, parce que l'esprit, par opposition à la nature, exprime d'une manière prédominante l'attribut divin de l'absolu. La liberté morale, la plus haute de toutes, n'appartient qu'aux êtres doués de conscience et de raison.

La liberté a ses limites, comme le possible (n°ˢ 17, 65). Chaque être doit réaliser son essence, toute son essence, rien que son essence. Mais comme l'essence est infinie en elle-même, et soutient des rapports infinis avec tout ce qui est, elle est aussi susceptible d'une infinité de combinaisons particulières. Or, de même que ces combinaisons, envisagées dans l'universalité des choses, sont proprement le domaine de la causalité et de la liberté divines, de même elles sont pour chaque être fini, à son point de vue individuel, le domaine de sa liberté et de sa causalité.

De la liberté des êtres finis résulte la responsabilité de leurs actes. Dieu n'est pas responsable de nos fautes et de nos erreurs. Mais l'imputabilité, comme effet moral, ne peut exister que pour les êtres qui agissent avec conscience. Et comme les degrés de la culture intellectuelle et morale varient à l'infini parmi les hommes, l'imputabilité doit aussi se montrer à des degrés infiniment variés. Chacun doit ce qu'il peut pour l'œuvre commune, et demeure responsable de sa négligence.

82. La doctrine de Dieu et de ses rapports avec le monde, que nous venons d'exposer d'après Krause, n'est pas entièrement nouvelle ; mais c'est la première fois peut-être que les différentes parties qui la con-

stituent se trouvent réunies et développées avec méthode dans un système complet. Les principes de l'immanence et de la transcendance entre autres ont jusqu'ici profondément divisé la philosophie et la théologie. La plupart des théologiens se sont particulièrement attachés à démontrer la transcendance ou la supériorité de Dieu sur le monde, et, séparant l'effet de sa cause, ont incliné vers le dualisme ; tandis que les philosophes, de leur côté, tendaient au panthéisme, en suivant exclusivement la voie de l'immanence. Leibnitz a tenté de les réconcilier; mais il a méconnu le point principal, le rapport de pénétration essentielle de Dieu et du monde dans l'unité absolue de l'Être. La simple analyse de la nature de l'infini absolu, nous a fait admettre l'une et l'autre de ces deux conceptions, qui, dépouillées de leur caractère exclusif, doivent s'unir dans le système harmonique de la science.

Mais la séparation de la philosophie et de la théologie, commencée au milieu du moyen âge, ne fut définitivement accomplie que par Descartes. Avant cette époque, nous trouvons des rapports frappants et nombreux entre la doctrine des Pères de l'Église et celle de Krause. C'est ainsi que la formule de St.-Paul : *ex ipso et per ipsum et in ipso sunt omnia*, formule qui contient exactement les trois points fondamentaux concernant les rapports de Dieu avec le monde (n° 80), fut souvent commentée par les Pères, et reçut même plus tard un développement méthodique remarquable dans les écrits de St.-Anselme.

En effet, *ex ipso*, signifie que toutes choses sont de l'essence divine, et exprime par conséquent l'unité absolue de l'Être et de l'essence, en vertu de laquelle les êtres ne soutiennent pas seulement avec Dieu un rapport abstrait d'intelligence et de volonté, mais un rapport permanent et nécessaire d'essence à essence.

Per ipsum peut avoir deux sens, διά et ἀπό Pour éviter le pléonasme, nous le prendrons ici dans le second sens, qui est essentiel au christianisme. Il indique alors que toutes choses ont été faites par Dieu, comme cause, et exprime par conséquent la transcendance et la supériorité infinie de Dieu sur le monde.

In ipso, enfin, signifie que toutes choses sont en Dieu, comme raison suprême, et exprime par conséquent l'immanence éternelle de Dieu dans le monde et dans les êtres finis. *In deo sumus, vivimus et movemur.*

Athanase va plus loin que Paul. Il déclare que ces vérités sont proclamées dans l'Église tout entière, sous le symbole de la Trinité : εἷς θεὸς ἐν τῇ ἐκκλησίᾳ κηρύττεται ὁ ἐπὶ πάντων καὶ διὰ πάντων καὶ ἐν πᾶσι. ἐπὶ πάντων μὲν ὡς πατήρ, ὡς ἀρχὴ καὶ πήγη, διὰ πάντων δὲ διὰ τοῦ λόγου, ἐν πᾶσι δὲ ἐν τῷ πνεύματι τῷ ἁγίῳ[1].

C'est la même formule dans l'ordre inverse : ἐπὶ πάντων marque la transcendance ; ἐν πᾶσι, l'immanence ; διὰ πάντων le rapport d'essence et de pénétration intime de Dieu et du monde.

St.-Augustin se plaît à reproduire ces idées, qu'il considère, avec raison, comme la source de la religion, et le principe de toute vérité : *Religet religio nos ei, a quo sumus, per quem sumus, et in quo sumus... Deus in quo et a quo et per quem vera sunt quae vera sunt omnia...* etc[2]. Cependant il est permis de penser, d'après l'ensemble de sa doctrine, que ces idées perdent déjà de leur rigueur, dans l'esprit d'Augustin, surtout en ce qui concerne le rapport d'essence et de pénétration intime du monde avec Dieu. La question de la création se dessine nettement sous la forme du dualisme.

Mais le premier qui ait posé dans toute sa profondeur le problème des rapports de Dieu avec le monde et les êtres finis, c'est saint Anselme, archevêque de Cantorbery. Anselme chercha en même temps à démontrer l'existence de Dieu, par le raisonnement. Il est le véritable précurseur de Descartes. M. Bouchitté, qui a publié récemment une traduction du Monologium et du Proslogium, regarde ces travaux comme le monument le plus complet de la philosophie au moyen âge, sinon par l'étendue, au moins par l'ensemble, la liaison et la rigueur[3]. Cet éloge n'a rien d'exagéré.

---

[1] *Contra Arian.*, I, 28. Cf. Ritter, *Geschichte der christl. Philosophie*, t. II, p. 62.

[2] *De vera relig.*, cap. 55, 113. — *Solil.*, I, 3. etc.

[3] *Le rationalisme chrétien à la fin du xie siècle.* Paris, 1842. Cf. l'introduction, p. 9-84.

Anselme commence par établir que tout ce qui est, ne peut être que par quelque chose d'un : *omne quidquid est, per unum aliquid esse necesse est*. En effet, dit-il, tout ce qui est, est par quelque chose ou par rien. Mais rien ne peut recevoir l'être de rien ; car on ne peut pas même imaginer que quelque chose soit sans une cause. Ce qui est n'est donc qu'en vertu de quelque chose. Maintenant, ou la cause de ce qui est, est unique, ou il y en a plusieurs. Si elles sont plusieurs et qu'elles existent par elles-mêmes, encore doit-on supposer l'existence d'une force ou d'une nature dont elles reçoivent cette faculté d'exister par soi-même. D'ailleurs elles seraient ou supérieures les unes aux autres ou égales entre elles : dans le premier cas, il faut qu'il y en ait une au-dessus de toutes les autres ; dans le second, elles ne peuvent être égales que par quelque chose de commun, par une condition seule et la même. Cette condition est nécessairement autre chose qu'elles, car sinon, il n'y aurait pas plusieurs natures ou essences, mais une seule. La cause de toutes choses n'est donc pas multiple, mais unique. Et puisque tout ce qui est, existe par elle, il faut qu'elle soit par elle-même. Or, ce qui est par soi-même, est plus grand que tout autre. Il y a donc un principe supérieur lui seul à tout ce qui est, un principe qui communique l'être, la bonté et la grandeur à tout ce qui est bon et grand, c'est-à-dire un être qui, soit qu'on l'appelle essence, substance ou nature, est parfaitement bon, parfaitement grand, et supérieur à tout ce qui est [1].

De même que tout ce qui est, a été fait par la suprême essence et d'elle-même (*per ipsam et ex ipsa*), de même toutes choses ne vivent et ne persévèrent dans l'existence que par la même vertu qui les a créées. Tout ce qui vit, ne peut vivre que par une chose qui seule vit par elle-même, c'est-à-dire par l'action conservatrice et toujours présente de l'essence créatrice. D'où il suit que là où n'est pas la substance suprême, il n'y a rien. Elle est donc en tout lieu, partout, et en toutes choses.

---

[1] *Monologium,* ch. 5 et 4.

Mais comme il serait absurde que, tandis que l'univers ne peut échapper à l'immensité de la puissance qui l'a créé et y entretient la vie ; cette puissance ne pût d'aucune manière dominer l'immensité des choses qu'elle a produites, il est clair qu'elle est le soutien de tout ce qui n'est pas elle, qu'elle domine, enferme et pénètre toutes choses. Il faut donc admettre que c'est la même substance qui est en tout et partout, de laquelle, par laquelle et en laquelle sont toutes choses : *ex ipsa summa essentia et per ipsam et in ipsa sunt omnia* [1].

Mais comment concilier cette doctrine avec le dogme de la création du néant ? La difficulté est insurmontable ; car, si les êtres sont de l'essence divine, *ex ipsa summa essentia,* ils ne peuvent être tirés du néant, à moins d'introduire le néant en Dieu. Anselme fait des efforts inouis pour sauver le dogme ; mais ses efforts sont vains ; il ne parvient à satisfaire ni la philosophie ni l'Église. Toutes choses ont été faites de rien, telle est sa conclusion, dans le sens où l'on dit qu'un homme, de pauvre qu'il était, est devenu riche ; c'est-à-dire, comme l'observe M. Bouchitté, que *rien* veut dire quelque chose. Du reste, Anselme admet qu'avant la création des choses, il y avait dans l'intelligence suprême l'essence, la qualité et le mode qui devaient les constituer [2].

85. Telle est la formule générale du rationalisme chrétien. Comme nous l'avons dit, cette formule ne fut pas conservée dans son intégrité par l'Église, et ceux qui cherchèrent à y revenir durent se placer en dehors de la théologie. La philosophie dès lors fut traitée en ennemie de la religion. L'Église, se développant surtout au point de vue spiritualiste, répudia obstinément la nature, la matière physique, comme indigne d'entrer en participation d'essence avec Dieu (n° 51). Cependant, elle rencontra sur ce terrain d'éloquents adversaires, même dans son sein.

Le père Malebranche, fidèle à la méthode cartésienne, commence

[1] *Monologium*, ch. 5, 13, 14.
[2] *Monologium*, ch. 7, 8, 9.

par déclarer que « Dieu est plus au-dessus des esprits créés que ces
esprits ne sont au-dessus des corps ; et qu'on ne doit pas tant appeler
Dieu un esprit pour montrer positivement ce qu'il est, que pour montrer qu'il n'est pas matériel... Il faut croire que, comme il renferme
dans lui-même les perfections de la matière sans être matériel, puisqu'il est certain que la matière a rapport à quelque perfection qui est
en Dieu, il comprend aussi les perfections des esprits créés, sans être
esprit de la manière que nous concevons les esprits ; que son nom véritable est *Celui qui est*, c'est-à-dire l'être sans restriction, tout être,
l'être infini et universel [1]. »

Spinoza est plus précis. Après avoir défini la *substance* ce qui est
en soi et est conçu par soi, et *l'attribut*, ce que la raison conçoit dans
la substance comme constituant son essence, il établit rigoureusement
qu'il ne peut exister et qu'on ne peut concevoir aucune autre substance
que Dieu. Car, dit-il, Dieu est l'Être absolument infini dont on ne peut
exclure aucun attribut, aucune essence. Si donc il existait une autre
substance que Dieu, elle devrait se développer par quelqu'un des attributs de Dieu, et de cette façon il y aurait deux substances de même attribut, de même nature, ce qui est absurde. Il suit de là très-clairement
1° que Dieu est unique, c'est-à-dire qu'il n'existe dans la nature des
choses qu'une seule substance et qu'elle est absolument infinie ; 2° que
la chose étendue et la chose pensante sont des attributs de Dieu ou des
affections des attributs de Dieu. Or, la pensée et l'étendue conviennent
nécessairement à Dieu, et sont d'ailleurs infinies par la vertu qui est
en elles. Elles ne sont donc pas seulement des affections ou des modes,
comme les pensées particulières ou les corps déterminés, elles sont des
attributs de Dieu et expriment son infinie et éternelle essence. En d'autres
termes, Dieu est une chose étendue et une chose pensante [2].

Sauf les termes, il n'y a rien à reprendre à cette argumentation.
Fénelon, tout en réfutant Spinoza, par un raisonnement victo-

[1] *Recherche de la vérité*, liv. 3, 2ᵉ partie, ch. 9.
[2] *Éthique*, 1ʳᵉ partie, défin. 3, 4, 6, prop. 5, 14 et coroll., 2ᵉ partie, prop. 1 et 2.

rieux [1], relativement à la question du panthéisme, admet expressément les propositions que nous venons de citer. Voici ses paroles :

« J'ai reconnu un premier être qui a fait tout ce qui n'est point lui... J'ai dit qu'il est l'être infini, mais infini par intension, comme dit l'École, et non par collection ; ce qui est un, est plus que ce qui est plusieurs. L'unité peut être parfaite, la multitude ne peut l'être, comme nous l'avons vu [2]. Je conçois un être qui est souverainement un, et souverainement tout ; il n'est formellement aucune chose singulière, il est éminemment toutes choses en général. Il ne peut être resserré dans aucune manière d'être...

» Dieu est donc véritablement en lui-même tout ce qu'il y a de réel et de positif dans les esprits, tout ce qu'il y a de réel et de positif dans les corps, tout ce qu'il y a de réel et de positif dans les essences de toutes les autres créatures possibles, dont je n'ai point d'idée distincte. Il a tout l'être du corps sans être borné au corps, tout l'être de l'esprit sans être borné à l'esprit ; et de même des autres essences possibles. Il est tellement tout être, qu'il a tout l'être de chacune de ses créatures, mais en retranchant la borne qui la restreint. Otez toutes bornes ; ôtez toute différence qui resserre l'être dans les espèces, vous demeurez dans l'universalité de l'être, et par conséquent dans la perfection infinie de l'être par lui-même.

» Il s'en suit de là que l'être infini ne pouvant être resserré dans aucune espèce, Dieu n'est pas plus esprit que corps, ni corps qu'esprit ; à parler proprement, il n'est ni l'un ni l'autre : car qui dit ces deux sortes de substances, dit une différence précise de l'être, et par conséquent une borne qui ne peut jamais convenir à l'être universel.

» Pourquoi donc dit-on que Dieu est un esprit ? D'où vient que l'Écriture même l'assure ? C'est pour apprendre aux hommes grossiers que Dieu est incorporel, et que ce n'est point un être borné par la nature matérielle ; c'est encore dans le dessein de faire entendre que Dieu est

[1] *Traité de l'existence de Dieu,* 2e partie, ch. 3.
[2] *Id.* ch. 3, 5, art. 1.

intelligent comme les esprits, et qu'il a en lui tout le positif, c'est-à-dire
toute la perfection de la pensée, quoiqu'il n'en ait point la borne. Mais
enfin quand il envoie Moïse avec tant d'autorité pour prononcer son
nom, et pour déclarer ce qu'il est, Moïse ne dit point : Celui qui est esprit m'a envoyé vers vous ; il dit : *Celui qui est*. Celui qui est, dit infiniment davantage que celui qui est esprit ; celui qui est esprit, n'est
qu'esprit ; celui qui est, est tout être, et est souverainement, sans être
rien de particulier. Il ne faut point disputer sur une équivoque.

» Au sens où l'Écriture appelle Dieu esprit, je conviens qu'il en est
un : car il est incorporel et intelligent ; mais dans la rigueur des termes
métaphysiques, il faut conclure qu'il n'est non plus esprit que corps. S'il
était esprit, c'est-à-dire déterminé à ce genre particulier d'être, il n'aurait
aucune puissance sur la nature corporelle , ni aucun rapport à tout ce
qu'elle contient ; il ne pourrait ni la produire, ni la conserver , ni la
mouvoir. Mais quand je le conçois dans ce genre que l'École appelle
transcendantal, que nulle différence ne peut jamais faire déchoir de sa
simplicité universelle, je conçois qu'il peut également tirer de son être
simple et infini les esprits, les corps, et toutes les autres essences possibles, qui correspondent à ses degrés infinis d'être [1]. »

M. Bouillier développe la même doctrine. « L'être infini, dit-il,
quoique ne pouvant être conçu comme un esprit au sens où nous le
sommes , contient néanmoins nécessairement en lui ce qu'il y a de réel
dans notre intelligence, comme ce qu'il y a de réel en toutes choses sous
la raison de l'infinité.

» Mais une telle définition de l'essence de l'être infini ne revient-elle
pas à dire que Dieu est un je ne sais quoi qui se trouve également au
fond de toutes les choses, abstraction étant faite de toutes leurs déterminations particulières ? Ce Dieu ne sera-t-il pas seulement un *commune quid*, une sorte de *caput mortuum* de l'univers ? Une telle conséquence ne sort nullement du principe que je viens de poser. On peut

[1] *Traité de l'existence de Dieu,* seconde partie, ch. 5,

dire sans doute en un certain sens que Dieu est au fond de toutes les choses réelles ; mais il n'y est pas comme un résidu nécessaire, toutes les déterminations particulières des choses étant enlevées ; il y est comme leur communiquant sans cesse tout ce qu'elles ont de réalité. Placer dans l'essence de l'être infini la source de tout ce qu'il y a de réel et de positif dans les créatures, ce n'est pas transformer Dieu en une sorte de matière banale et passive des choses ; mais c'est rapporter toute réalité à son vrai et unique principe, c'est donner la plus haute idée que notre intelligence puisse concevoir de l'infinité de Dieu et de la dépendance où sont à son égard toutes les créatures.

» Ainsi, cette notion de l'essence de l'être infini ne porte atteinte à aucune de ses perfections infinies, et seule elle est conciliable, d'une part avec son infinité, et de l'autre avec l'existence des choses. Toute autre notion de l'essence de l'être infini, romprait le lien qui unit les choses avec la nature de Dieu, rendrait inexplicable leur existence et leur conservation, et fermerait à l'intelligence toute voie légitime pour arriver à la détermination des attributs de Dieu...

» Tout ce qui existe au-dessous de l'être infini n'existe donc que par lui et en lui, et, en conséquence, est infiniment au-dessous de lui, car il y a une distance infinie entre l'existence nécessaire essentielle à l'être infini et l'existence dérivée, l'existence empruntée d'autrui qui emporte avec elle l'idée d'imperfection et de limitation [1]. »

84. Tous ces auteurs cependant sont loin d'avoir précisé et réduit en forme systématique les différents points qui concernent la doctrine de Dieu et ses rapports avec le monde. Krause seul, à notre avis, a fait ce travail d'une manière méthodique et complète, en poursuivant la phase rationaliste du christianisme. Les vérités éparses, disséminées dans les écrits des philosophes et des théologiens, reparaissent chez lui dans la lumière de la certitude. Chaque principe vient à sa place ; rien ne manque dans l'ensemble. La pratique marche de front avec la théorie ;

---

[1] *Théorie de la raison impersonnelle*, ch. 2.

et l'une et l'autre semblent répondre à tous les besoins de notre époque, au besoin de convictions morales et religieuses, qui tourmente la plupart des hommes, comme au besoin d'unité et d'organisation, qui tourmente les sociétés modernes.

Dans la question spéciale que nous examinons, Krause emploie une formule analogue à celle de Paul, d'Athanase, d'Augustin et d'Anselme : *Alles ist in, unter und durch Gott;* autrement *Gott ist das Eine Wesen, das an sich und in sich und durch sich auch Alles ist, was ist.* Tous ses ouvrages sont pleins de cette pensée religieuse, qui est, en effet, le principe fondamental de sa doctrine.

Si l'Église avait suivi cette voie, si elle avait, avec Malebranche et Fénelon, conservé les traditions de Paul et d'Anselme, nous ne verrions pas aujourd'hui un si grand nombre d'hommes, nourris de son esprit, se demander avec inquiétude si Dieu existe (n° 75). Car chacun, s'interrogeant dans sa conscience, et comprenant Dieu, non comme un être particulier, mais comme l'être ou l'essence une et entière, pourrait dire avec assurance : Je suis, donc Dieu est ; car si je suis, il existe quelque chose, et cette chose est nécessairement de l'essence de l'Être infini et absolu. *A Deo sumus, et per Deum, et in Deo.*

FIN.

TABLE DES MATIÈRES.

FIN DE LA TABLE.

Ouvrages du même auteur

ESSAI THÉORIQUE ET HISTORIQUE SUR LA GÉNÉRATION DES CON-
NAISSANCES HUMAINES, dans ses rapports avec la morale . la politique
et la religion, 2 volumes grand in-8º.

EXPOSITION DU SYSTÈME PHILOSOPHIQUE DE KRAUSE . un volume
grand in-8º

Ouvrages du même auteur

ESSAI THÉORIQUE ET HISTORIQUE SUR LA GÉNÉRATION DES CON-NAISSANCES HUMAINES, dans ses rapports avec la morale, la politique et la religion, 2 volumes grand in-8º.

EXPOSITION DU SYSTÈME PHILOSOPHIQUE DE KRAUSE, un volume grand in-8º.

www.ingramcontent.com/pod-product-compliance
Lightning Source LLC
Chambersburg PA
CBHW050014100426
42739CB00011B/2645